羌在深谷高山

QIANG PEOPLE
LIVE BY THE MOUNTAINS
LIVE IN THE VALLEYS

高屯子

中信出版社 · CHINACITICPRESS · 北京 ·

图书在版编目（CIP）数据

羌在深谷高山 / 高屯子著. — 北京 : 中信出版社，2013.7

ISBN 978-7-5086-4067-9

Ⅰ. ①羌… Ⅱ. ①高… Ⅲ. ①羌族－民族文化－四川省－摄影集 Ⅳ. ①K287.4-64

中国版本图书馆CIP数据核字(2013)第128159号

羌在深谷高山

著　　者：高屯子
策划推广：北京全景地理书业有限公司
出版发行：中信出版集团股份有限公司
（北京市朝阳区惠新东街甲4号富盛大厦2座　邮编　100029）
（CITIC Publishing Group）
承 印 者：北京华联印刷有限公司
制　　版：北京美光设计制版有限公司

开　　本：720mm × 1000mm　1/16　　印　　张：16　　字　　数：110千字
版　　次：2013年7月第1版　　印　　次：2013年7月第1次印刷
广告经营许可证：京朝工商广字第8087号
书　　号：ISBN 978-7-5086-4067-9/K · 323
定　　价：39.80 元

服务热线：010－84849555　服务传真：010－84849000
投稿邮箱：author@citicpub.com

目 录
Contents

序一

反思我们共同面临的处境

朱哲琴-Dadawa

我们为何要从大山中出走？我们为何要从城市中转身？我们的所在已是危机四伏、四面楚歌，我们该往何处？

从北美洲回到北京，还没能从时差中调适过来的我，清晨三点将高屯子的近作《羌在深谷高山》的样稿捧在手中。我的目光落在了一张图片上，停留很久。图片上，一老一少两个高山羌人，身处繁华都市的马路边，父亲手提烟袋坐在地上，睁眼斜盯着前方；儿子脚穿羌绣云云鞋，身着休闲衣裤，手执神杖，目光迷离。两个高山羌人，仿佛被都市繁华购物街区的高楼和高楼上的图像、文字信息，重重围困。

这是2009年8月，在一次宣传羌绣的慈善活动中，汶川夕格羌寨的杨贵生、杨永顺父子当时被请到香港去演出释比舞蹈，父子俩刚到香港时的情景。 这一次，我与高屯子、颜俊辉夫妇因羌绣结缘，也认识了贵生、永顺父子。

面对这张图片，我不禁掩卷沉思：从遥远的大山，从汶川大地震中逃离出来蹲在香港时代广场路边茫然怅望的羌族父子，不正是幸存于时光机里，在人类进化的链条中，历经迁徙与生死劫难，在现代文明的变革中，强悍、窘迫、挣扎着的我们吗？

高屯子历时多年关照羌族的迁徙和命运，他用大全、近景或特写记录在迁徙、祭祀、耕耘中的羌人的现实境况；镜头的另一边，他又以微距，将隐藏于内心的理想与周遭的现实，以及古老文明的危机与羌人的现实生存处境作比对，以图片、影像、文字三种手法平行记录，完成了一场自发的，具有人类学意义的人文探索和纪实与艺术实践的深层对话。

表面看来，大山深处的羌人无论从自然、信仰、教育、生活、思维方式等方面，都与城市生活中的我们相距十万八千里。但是，这看似身处两个世界的人，今天却面临着相同的生存困境与精神危机。地震、战争、极端气候、环境与信息污染，在现实时空中如影随形。外部环境的危机，内在精神的困顿。我们对现实不满，但又无力去重创一个新的理想国！该前行还是后退？何去何从？无论你是谁，是否都曾这样地被问或自问？

带着这些问题，在某一个清晨，当你从辗转反侧中起身，也许会像此时的我一样，顺手翻开这本《羌在深谷高山》，正好将“夕格羌人的第五次迁徙”那一章中的“火塘论坛”那一篇打开。我相信，你将得益于作者拍摄、书写的诚恳发心，并让你在阅读时，与作者，与大地震之后的高山羌人一道，去面对“哪一样东西对人类伤害最大”这样的重大命题。严木初：“我说现在对人类伤害最大的是人心。”——羌寨火塘边即兴随意的问答，一定会使你在会心一笑或掩卷沉思间，获得某种救或赎的启示。

2013年3月23日　晨　于北京

朱哲琴 – Dadawa

音乐艺术家、中国新音乐代表人物，“世界看见”中国民族文化保护与发展亲善行动创始人。

序二

摄影的气度与底蕴

冯建国

高屯子的新著《羌在深谷高山》既让人感觉耳目一新，又十分耐人寻味，作者以十年磨一剑的功夫，不紧不慢，胸有成竹，缓缓道来，寓意深远。高屯子出于一位摄影家的内心的真挚，试图用一种更为直率的图像语言，表现他多年来对羌人的生活现状的情思和眷恋，他以自己深厚的文学修养，对家乡松潘和青藏高原东部地缘文化的深度了解，还有就是对影像表现的执著的思考和探索，他不居功于已经获得的成功和成果，通过不断学习、阅读和思考，并不辞辛劳，带着沉重的器材，多年来走遍岷江上游、湔江上游几乎所有高山深谷中的羌人村寨，用影像、图片、文字的多样方式，为我们呈现了一部既有难得的史料价值，又富有独特视角，同时又充满着艺术韵味的影像作品。

摄影术自1839年8月19日在法国发明以来，经历了一百七十多年的历史，随着科技的进步，摄影在这短短的一百多年间，由单纯的图像记录手段，发展成为一门独立的艺术门类、一种现代的传媒方式。特别是近年来，各种数字技术在摄影中的广泛应用，原来的胶片记录的媒材向数字化记录的快速转换，以及照相功能在手机上的普及和运用，使摄影变得异常简单和大众化，一个“读图时代”和“全民摄影时代”的到来，不经意中又深刻影响着现代人的生活方式。但在我们热情拥抱数码摄影技术给我们带来的简单、方便、快捷的同时，也同样容易走向另一消极的弊端。许多摄影爱好者、甚至是专业摄影师，由于对数码摄影技术带来的方便和对“删除”、“PS”功能的尽情享用，很容易使摄影者渐渐丧失在按下快门之前的谨慎的思考和严谨的工作特质。

如果摄影是一门与文学、美术、音乐、雕塑等艺术并行的艺术门类，那么，我们要想在摄影创作与表现上有所突破和提升，仅仅依赖和享用科技成果，或是对其他艺术形式模仿或解构，并冠以各种“主义”、“观念”还是不够的，因为任何表现形式和手段，它都只是艺术家表达思想所凭藉的一种语言，但这种表现语言又有着区别于其他艺术形式的独特性。文学、绘画、音乐、雕塑等艺术形式，已有漫长的历史发展演变，古今中外的艺术家一代复一代的坚守和吸收、回归和创新，使这些艺术形式具有了深厚、宽广、博大的表现力量。而只有一百多年历史的摄影，它有着让我们去丰富、拓展其内在力量的广阔空间，如何使摄影内在具有更深厚的容量、更强大的力度，并凸显其纪实感和现场感的独特性，这才是摄影人应当去面对和探索的命题。

让人感到欣慰的是，在高屯子的新作《羌在深谷高山》中，我们看到了摄影家为此付出的探索和所呈现的摄影表现的深度和底蕴。在这本书中，我们看到的不再是一幅幅单纯的图片和说明文字的汇集，它用大约二百幅图片记录、呈现了一个古老民族在历史时空背景下，在一场大地震之后的现实遭遇、心路历程和文化演变以及生活处境。为了表现这样既宏大又朴实的题材，高屯子并不排斥摄影之外的艺术表现形式，他用一样的热情将文学、视频影像一同参与进来，又始终以图片为中心，去表现一个古老民族在一场灾难后的凤凰涅槃、劫后重生的命运，去反思传统与现代的命题。

高屯子在走上摄影之路前一直从事写作。记得在2003年，我带着北京电影学院的本科生到四川藏区实习的时候，高屯子就热心地给我们当向导，并一起探讨过西部摄影的表现等诸多问题，特别是他对家乡松潘以及整个青藏高原东缘的人文地理、民风民俗了如指掌，对藏传佛教的历史演变更是了然于心，不仅如此，他还学藏语、修佛、禅修。他的摄影作品往往在不经意之处显露出“功夫在诗外”的一种深厚的底蕴，令人叹服。2004年他又专程到北京电影学院学习电影。他的这种勤于思考、勇于探索的精神，最终形成了属于他自己的独特的影像语言：让相机带着文学的思考，让影像带着历史的厚度。

早在1995年，高屯子在成都四川美术馆第一次举办影展《高原风·朝圣之路》时，他就把一组充满激情的黑白图片，按“唵、嘛、呢、叭、咪、吽”六字真言分章节，去表现高原上的藏族朝圣者；2004年之前的十来年间，他出版了十多本大型风光画册，成为摄影与商业结合的成功范例，在许多人看来这可谓名利双收，功成名就。但他却对这一期间的创作和生活状态并不十分满意，他认为：“1995年5月在成都举办了《高原风·朝圣之路》影展之后，我拍摄的对象却在不经意间转向了青藏高原和西域大地那些美丽的风景，并把许多的时光消费在与‘旅游’、‘文化’相关的‘打造’中去。这十年间，虽然时时提醒自己要尽快回归初时的状态，但此时遍地泛起的物欲风潮，已汹涌摇晃着整个世道人心。及至2003年前后，内心对‘打造’、‘策划’之类的营生已十分倦怠，而对回归‘以影像代替文字发言’的冲动与渴望，在心底日渐强烈起来；在晨光暮色中拍摄奇山丽水的激情，也随之减褪。”

之后，高屯子开始寻找早年拍摄《朝圣之路》时的状态，开始“走回头路”，开始“大踏步的回退”，开始重拾传统黑白影像。2004年5月在成都举办的《见闻觉知》影展，和这部《羌在深谷高山》，便是他追求影像的“自我回归”的成果。

另外，高屯子对图片本身所呈现的质量、影调、气质也非常重视。在开始拍摄羌人之前，他就和我反复讨论过表现高山羌人，使图片具有历史感、乡土感所应选择的胶片类型、技术手段。拍摄《羌在深谷高山》这样的纪实题材，也许大部分摄影师会选择小片幅高感光度胶片，或使用数码相机，但高屯子却坚持用中画幅相机、正方形的构图，用400度黑白胶片去拍摄。他仗着与那台哈苏503CW相机十多年建立的默契，仗着与故乡羌人的内心和习性的亲近，为我们呈现出既有现场感、空间感，而又层次丰富、影调柔润的高品质图片。

摄影与其他艺术门类一样，既有其独特的一面，又有其相通的一面。摄影家视野的高低决定着作品的深度和广度；摄影家技术的娴熟决定着作品语言的精确度和影像品质；摄影家文化修养的深浅决定了作品的气度和底蕴。

冯建国

著名摄影家，清华大学美术学院副教授。主要著作、译著、作品集有：《跟亚当斯学摄影》、《黑白摄影》、《大画幅摄影》、《西部旅路》、《最后的胡同》、《高原的力量》、《安塞尔·亚当斯传世佳作 400》等。

自 序

现实与理想叠化而成的影像

高屯子

一

自从我放下手中的笔拿起照相机的那一刻起，内心就渴望着能以一种新的语言，去述说那些未及用文字尽情书写的冲动与感受；渴望能在自由快乐的状态下，以图片去记述故乡平庸无奈的现实和苍凉悲壮的历史。

但1995年5月，在成都举办了《高原风 · 朝圣之路》影展之后，我拍摄的对象却在不经意间转向了青藏高原和西域大地那些美丽的风景，并把许多的时光消费在与“旅游”、“文化”相关的“打造”中去。这十年间，虽然时时提醒自己要尽快回归初时的状态，但此时遍地泛起的物欲风潮，已汹涌摇晃着整个世道人心。及至2003年前后，内心对“打造”、“策划”之类的营生已十分倦怠，在晨光暮色中拍摄奇山丽水的激情，也随之减褪；而回归“以影像代替文字发言”的冲动与渴望，在心底日渐强烈起来。

终于，在2008年3月，结束了三年的居家阅读和北京电影学院的学习之后，在又一个春雪飘飞的季节，我重新回到了青藏高原的东部山地。

这一次，我没有翻越尕里台，走向我熟悉的松潘草地，而是中途拐进了岷江上游的幽深山谷。这一次，我把手中的镜头从阳光与风雪中的藏族牧人身上，移向了山林与田野里的羌族农民。

从苍茫草地来到这段山地，吸引我的，不再是九寨沟、黄龙美丽的风景，而是其西南汉藏之间“最后的羌人地带”那些并不依着我们既有的知识、概念、印象生活着的羌人；来到这里，是想体验一段与自然、生命、历史相关联，与“现代工业文明”有些区别的生活；是想以纪录片方式，去讲述那些代表羌人与祖先通灵，与鬼神对话的释比，讲述他们的心灵状态与现实处境。

在山路和田野间行走之余，我开始更系统地翻阅一些关于“羌”的文字。

通过对甲骨文的辨析，我们发现：羌，是三千多年前，殷商人对大约今天的陕西东部、河南西部、山西南部一带边缘人群的称谓；通过对《史记》、《国语》等古籍的阅读，我们了解到：羌，是秦汉时期由秦陇向西大规模扇形迁徙的那些族群；通过对《华阳国志》、《明史》，以及后来顾颉刚、费孝通等历代学者著作的浏览，我们又看到了：两汉、魏晋之际，在整个华夏西部形成了广阔的“羌人地带”：从西北天山南路的婼羌；河湟流域的西羌；陇南蜀西一带的白狼羌、参狼羌、白马羌、白狗羌等八羌；到川西滇北一带的青衣羌、牦牛羌。及至唐宋，吐蕃势力与藏传佛教由旧称“发羌”的地域迅速向东扩展，与中原势力与文化在这片广阔的羌人地带上，全面相遇。之后数百年间，甘、青、河湟与川西北广大区域的羌人，分别融入了汉、藏、蒙古等民族之中。到了明、清，只剩下岷江上游和湔江上游，一些高山深谷间有少量“羌民”了。这部分人，在上世纪50年代民族识别区分之际，被认定为羌族。

这是大量不同时期的历史文献所书写的羌族历史。但当我们从这些历史书本中，再回到岷江上游深谷高山之间的古老羌寨，来到农人耕种的田野细心体察，并将其与周边文化形态进行比照时，便会禁不住暗自思忖：随着中原文化向西扩展而向西迁徙的“羌”，果真是同一个“民族”数千年来，一直在一个“民族走廊”上不断地迁徙吗？眼前这些自称“尔玛”，却在八九十年前从未听说过“羌”这一称谓的人群，与活跃在历代文献典籍中的“羌”、“羌戎”、“氐羌”有着怎样的联系？

我的拍摄，并非想要加入到羌学专家的行列里，对羌族历史进行考证。但是，以汉字书写或以羌语传说的种种“羌”或“尔玛”的历史，又是表现今天这些羌人无法不去面对的苍茫背景。

这段时间，我终日在历史文献记载的“羌”和岷江上游高山之上生活着的“羌”之间，来回穿行。

二

谁也未曾料到，2008年5月12日，一场里氏8.0级的大地震，使我正倾心关注的这片高山深谷顷刻间成了全世界共同关注的焦点；谁也未曾料到，这场大地震破坏最严重的区域，正是当今中国55个少数民族之一的羌族聚居地。

山崩地裂的大地震，使无数座房屋顷刻坍塌；使数十余万生命深埋废墟。突如其来的大灾难，让每一个身处灾区和灾区之外的人惊愕不已。

这个时候，我们这个常年穿梭在这 高山深谷之中的摄影团队，便有了熟悉路线和地形的救援优势。5月14日晚，我们将四辆越野车的后排座椅拆下，装满急救药品从成都出发，经康定、丹巴、金川、马尔康、理县，为震后成为“孤岛”的汶川县城送去了第一批急救药品。之后十多天的时间里，这几辆越野车，又引领着六辆大货车，将山西、陕西、深圳等地朋友们捐赠和我们自筹的救援物资，沿这条线送往理县、汶川、茂县、松潘灾区。

地震发生之后十多天的时间里，每天面对电视，都是悲痛伤惨的画面；每次走进灾区，都会目睹无数感人的事迹和一些让人鄙夷的事例。地震中，被猛烈摇撼的，不仅是这块土地和这块土地上的建筑、桥梁，还有整个中国人的心。这一时刻，人性中的光辉与暗角被一次次清晰曝光；生命里的悲悯与大爱被全面唤醒。

二十多天之后，大家渐渐停下了在废墟中抢救生命、向灾区抢运药物的步履。开始抽空与亲人、同学和朋友联系和相聚。2008年6月初的一天，一位羌族好友从水磨打来电话，我们相约在成都见面。看见他脚上的胶鞋被泥土厚厚包裹，脸庞的皮肤被烈日层层剥落，我和妻子颜俊辉赶紧请他进饭馆小酌。

大难不死，大家自然唏嘘感叹一番。二十多天过去了，大家的心情已平复了许多，但当话题触及到大灾中的羌人时，便见他神色凝重，黯然神伤起来。他说："曾几何时，我们羌人纵横在那样广阔的西部大地，在那里游牧耕种、繁衍生息。无数次战乱迁徙之后，如今仅残留在岷江上游汶川、茂县、理县、松潘和绵阳的北川这些高山僻壤。这样的历史变迁，这样的历史遭遇，已让我这样的羌族文人常生感伤。而这次千年不遇的大地震，不知你注意到没有，重灾区又正好落在我们羌人的聚居地！这是宿命，这是天意？"

他连饮两杯之后接着说："目前重灾区的灾民散落安置到各地，今后羌文化还如何延续，如何传承？"

离别相拥时，我感到满脸潮润。他流泪了。

深夜回到家里，我对妻子说：“看来我们还要做点事情才行！”她说：“羌寨妇女不是都会绣花吗？我们来设计一些现代人喜欢的刺绣产品，让灾区妇女回到家里去绣，再想办法卖出去，这样既可以解决灾后的生计，让她们找回自信，又有助于羌文化的传承。”

我说：“很好，我明天就写方案吧！”

2008年7月21日，成都高屯子文化机构联合“壹基金”，在阿坝藏族羌族自治州政府的支持下，启动了旨在保护羌族文化、帮助灾区妇女就业的“羌绣帮扶计划”。

之后，颜俊辉带领着与她共事多年的年轻设计师们，开始把自己的目光从现代都市的时尚空间向古老羌寨的田间地头转移。而我，则在大地震之后的第一个春节前夕，在羌族诗人羊子的陪伴下，和旺甲、严木初两位摄影师一道，来到了大山深处的汶川县龙溪乡夕格羌寨，来到了释比贵生的家里。

三

大地震发生之后的半个月，我在灾区目睹并亲历了无数动人的场景，却居然没有拍下一张图片。大半年之后，大地震泛起的尘埃已悄然落定，我这才带着摄影助理、影像器材，人背马驮，来到不通公路的夕格羌寨。看来，我并不具备摄影者宝贵的“新闻敏感性”，我只能是一名沉静之后才会去行动、才会去表达的拍摄者。

我开始连续拍摄羌人的行程。从腊月二十七到正月初十，我们与释比贵生、贵生的大儿子永顺，以及许多村民，依次祭拜了屋顶的白石神、巨石拱卫下的羊神、山坡上的神树林……正月初八，全村在崴孤山山顶祭天，一盏满绘古老图案的天灯，高悬在一根三丈三尺高的杉杆之上，在远村夕格苍茫的夜空中闪烁着温暖而灵动的光。许多年之后，在山野间，我又一次感受到了人与苍茫夜空，与另类生命之间的亲近。

同夕格村民相处半月后回到成都，无心参加各种名目的聚会。许多年前在松潘埃溪羌寨过年时聆听“力莎”的情形；地震前夕在北川乌龙寨景区观看释比为游客表演的场景；震后在萝卜寨废墟中面对茫然伫立的羌人身影，以及那些新旧书本上对羌人的种种描绘，如一帧帧深埋岁月的黑白图片，在我脑海竞相展现。

我感到，这是一种启示，是我一直寻觅的表述语言在向我发出召唤。

我感到，仅有一百多年历史的图片摄影，它的语汇还可以更加丰富；它完全可以勇敢地站出来，以主人翁的姿态，带着文学的思考、图片的呈现、影像的记录、人类学的探寻，与我携手同行，去表现汶川大地震之后的中国羌人。

我感到，我必须马上回到羌寨，不仅是夕格，不仅是汶川，还有岷江上游、湔江上游，所有有羌人居住的深谷高山。

2009年3月春暖，再次来到夕格，我不再仅以活动影像进行记录了。5月底，当夕格、直台两个羌寨的七百多名羌人离开故土，来到邛崃城区的救灾板房住下之后，我便干脆放下了那台沉重的摄像机，扛起已随我十三年的哈苏相机，和与我风雨同舟八年多的摄影助理严木初一起，向高山深谷中的一个个羌寨走去。

在之后的三年里，我在汶川县龙溪；理县西山、蒲溪；茂县曲谷、三龙、围城、雅都、土门、松坪沟；松潘县小姓、镇坪以及北川县青片，在这些高山深壑间的羌寨静静地拍摄着。这时，山下的城镇和道路已经很快得以重建，高山之上的古老村寨也正纷纷整修或搬迁。灾后重建的速度和成果让所有的人欢欣鼓舞，但看见那些具有岁月质地的房屋和山野气息的神情和眼神在我眼前迅速消逝，我备感失落。虽然，我不能振臂一呼，让那些存储无数古老信息的古木老墙无人敢动；虽然，我不能苦口婆心地去劝说大家回归田园牧歌的生活，但我可以以一种属于自己的语言向这个世界平静地讲述：2008年5月12日的那场大地震之后，在岷江上游高山羌人的生命里，还流淌着远古歌谣的余音；在他们的日常生活当中，还保存着一些与自然、与传统和血脉相连的四季风俗。

通过我的讲述，你也许会发现，中华民族的许多古风雅韵，往往靠着一群边远乡村的农民在保存和延续。

通过我的讲述，你也许会发现，那些在历史长河中已经消逝或正在消逝的，并不注定永远消失；那些正在流行和横行的，并不一定益于人类长久的福报。时间无有终始，当我们的思想、我们的关怀、我们的生存环境面临危机与困顿时，也许，我们可以在流淌的光阴里，能寻到给予我们启示的远古歌谣。

2012年5月之后，有关“5·12”汶川大地震的各类纪念活动渐已过去，我想，现在该是我来编辑这些具有岁月象征意义的黑白图片，并书写相关文字的时候了。我在几千张图片中选出了近二百张，分成“夕格羌人的第五次迁徙”、“羌在深谷高山”、“最后的释比”三个部分，为每幅图片配上和画面一样朴素的文字。在这些图文里，没有着意的审美倾向，没有预设的价值判断。生活本来如此，我只是用一种属于自己的图文语言，静静诉说、静静呈现。

如果你有缘与这本书相遇，你会发现我以自己的语言向你呈现的，不是漂移在历史文献里中原以西广阔大地上的“羌”；不是专家学者们通过历史文献研究推论的“羌”；不是接待领导、游客时敬酒献歌的“羌”；不是舞台之上或面对媒体镜头时的“羌”。我所展现的是苍茫历史时空背景下，“5·12”汶川大地震之后，在那些尚存一丝历史余温和乡土气息的村寨里，敬天法祖、耕种劳作的羌；是现实与理想在我心中叠化而成的影像。

夕格羌人的第五次迁徙

THE 5TH MIGRATION OF THE XIGE QIANG PEOPLE

2009年4月18日，我静坐在永顺家的火塘边，用手机向远在都市的几位朋友发出这样一则短信："山寨通讯社消息：岷江上游高山之上的汶川县龙溪乡夕格、直台两个羌寨的七百多位村民，在汶川大地震一周年到来之前，将尽数迁往成都以西约一百公里的邛崃南宝山原劳改农场。男女老幼一同前往，牛马牲畜不得内迁。今日，两寨青年人已开始变卖家畜、耕牛、粮食，老人们则纷纷陷入即将永远离别旧居、祖坟、家神的伤痛，三位老年释比注视着世代相传的释比法器，沉默不语。"

在此之前的十多年间，我在高原放浪久了有些寂寞了，便喜欢用手机给身处都市的朋友们发送一些空灵静寂的文字。这些文字，总能唤起大家对远离尘嚣的山野和自由之旅的向往与回应。而现在书写这则文字平淡且有点搞笑的"山寨新闻"，书写者与阅读者的感受，想必都非同以往。

从垮坡到夕格，在陡峭的山路上爬行两个多小时，在永顺家的火塘边坐下，便觉双腿隐隐作痛。永顺的父亲贵生将长长的烟杆伸向噼啪燃烧的火塘，点燃他自家种的兰花烟。兰花烟浓烈的气味与松枝燃烧的清香，以及烟火薰烤下的腊肉气息又一次混合着，在火塘四周弥散开来。

看见暖色的火苗在贵生不断鼓腮抽烟的脸上跳动闪烁，我不禁想起两个多月前，"5·12"汶川大地震之后的第一个除夕之夜，也是在这个火塘边，也是这样静静地注视着闪烁的火苗轻舔在贵生沧桑的脸上，听释比贵生娓娓讲述着关于夕格，关于夕格羌人的故事——"听说我们的祖先，很久很久以前生活在西北草原。后来由于战争，迁到了岷江上游的深山峡谷。我们夕格这支人来到龙溪沟，就在崴孤这个地方定居下来了。在这里居住了几辈人，战争渐渐少了，雀鸟乌鸦又多了起来，比人还多。我们每年辛苦劳作的庄稼地都被那些雀鸟乌鸦糟践得不成样子。吃不饱肚子，我们就迁到了东路的石泉、油溪、白岩，可能就是现在的北川、土门这些地方。但这些地方的猴子又很凶，比崴孤的乌鸦还多、还凶。后来有人回夕格打猎，子弹袋里的青稞籽掉在了野猪拱过的地里，下半年再来时，发现青稞长出了一拃长的吊吊（穗）。夕格的土地变得肥沃，乌鸦也少了，我们就又迁回了夕格，大家分散居住在了崴孤、大寨子、牛场这几个地方。在这里生活了两代人后，靠近树林的崴孤、牛场这两个地方的野猪、老熊又凶起来了，每年的庄稼不等你去收，那些野猪、老熊早帮你收得差不多了。所以你看崴孤和牛场现在是个空寨子，都迁到了现在的乱石窖、麻地头、新寨子了。我们家是几年前才从牛场迁到现在这个乱石窖的。

“总共迁了四次！第一次是因为战争，第二次是因为雀鸟乌鸦，第三次是因为猴子，第四次是因为野猪老熊。”

……

“经历这么大一场地震，才过半年，我们就又可以在家安安心心地过年了。这要感谢我们的政府，感谢那么多的好心人，我们也不忘我们的神。昨天，我们到崴孤神树林去敬了神。你看这次这么大的地震我们夕格只死了一个人，就是我的大女婿，他是在山下的路上……今天，我们又在楼顶纳萨敬了天神，到房前房后去敬了水神、羊神，在家里敬了家神，家里十二尊神都敬了。正月初八全寨子人一起敬天神点天灯。天灯点在一根三丈三尺高的杉木杆上。

“春天你们再来吧！那时整个山沟都是歌声，春耕时犁地的、牵牛的一起给耕牛唱歌。你看这里的地都就巴掌那么大，又陡，要给它唱歌它才会好好给你耕啊！用心唱，耕牛会听得泪流满面的。

“春分这天大家在家休息，都不上山，不进树林。这天是所有雀鸟、野兽恋爱交配的日子，不能去打扰的。”

两个月之后，春天依旧来临，整个龙溪山谷的山花依然如期绽放，但高山之上的夕格、直台两个寨子里耕者唱给耕牛的歌声却在2009年4月18日这天，戛然而止。弥漫在鲜花与歌声中的春播景象，现在只能在想象中一次次展放。

夕格不通公路，但几年前已有了电视。通过被村民们称为“锅盖”的卫星信号接收器，通过电视屏幕，夕格村民目睹并感受了这个世界的种种纷争、灾难、便捷与享乐。每个人面对灾难的反应与感触千差万别，但对便捷与享乐的向往，却大抵相同。对于大多数夕格人来说，满世界都是汽车、火车、高速公路……而夕格至今连机耕道都没有一条，日常所需的一切卖出买进都得靠人背马驮，这是令人遗憾的事情。但现在要永远离开与自己血脉相连的山寨，所有夕格人，特别是老年人都面色凝重，沉默不语。对我而言，记录夕格羌人经历大地震之后恢复元气，重归田园牧歌生活的拍摄计划，也将随着这片山野春耕歌声的止歇，而转向他们再一次的迁徙历程。

2009年5月6日，离汶川大地震一周年纪念日还有六天，汶川县龙溪乡夕格羌寨的杨永顺全家，就要和世代居住的羌寨，和这座长年相守的房屋告别了。现在，全家人准备去山下的东门口与夕格、直台两寨的七百多名男女老幼会合，然后一同乘车前往他们新的居住地：邛崃南宝山。

右图前排右二就是永顺，他的身边是弟弟杨永学。永学腿有残疾，先前在家放羊，汶川大地震后经人介绍，去了郫县一家工厂打工，现在请假回来帮助家里收拾东西。后排是永顺61岁的父亲杨贵生和比父亲大16岁的大伯杨德才，两位老人背上的麻袋里装的是杨家世代相传的各种释比法器。前排左边是永顺的母亲余秋珍和妻子王彩文。永顺母亲脚下和手中口袋里装的，是他家那只每日准时打鸣的公鸡和终日蜷伏在火塘边或贵生怀里的那只小猫。永顺7岁的儿子杨有理已经跑下山看汽车去了。永顺右手牵着的是5岁的女儿杨群星。在小姑娘稚嫩的脸上，我们还读不出关于迁徙、离别的滋味。

2009年5月6日　汶川县龙溪乡夕格羌寨　杨永顺全家

汶川大地震之后的第一个春节来临，夕格羌人对近年来被疏远了的一些传统风俗渐渐亲近起来。这么大一场地震，夕格只死了一个人，老人们说这得益于夕格人并没有对天地神灵过分的冒犯。

自打有人把电视机、锅盖（岷江上游的村民们把电视卫星接收器叫作“锅盖”）背上山以后，高山之上的夕格羌寨便再也不像我们想象的那样闭塞了：武打片、宫廷片、选秀节目、征婚节目、猪饲料广告、丰乳霜广告……开始在古老羌寨每一座昏暗的石屋里轮番播放。有了电视，山寨老幼很快就认识了各国政要和坐在北京的党和国家领导人。有了电视，山民们见识大长：原来喂养一头大肥猪需要一两年时间，现在只需要两三个月；原来大家都敬佩唐僧师徒经历九九八十一难，才取得真经，现在所有人都羡慕小女生扭扭屁股唱唱歌，就一夜成名。

虽然，电视机一上山，村民们就对其赞叹不已：“这条瘟，真是千里眼顺风耳啊，中央的温总理，汶川的张县长，我们想看就看，啧啧啧！”但在山民生活中，电视始终还是达不到在城里人生活中那么重要的地位。高山之上的羌人耕种地里的庄稼，需要跟随冬去春来，月圆月缺的脚步；他们放牧家里的牛羊，需要倾听绿草清溪、飞鸟走兽的声音。更重要的是，一家老小坐在一起刚打开电视，那些男女，不管中国的还是外国的，动不动就抱一起啃啊啃，对孙子孙女可以在关键时刻用庄稼人粗糙的手，蒙住他们稚嫩惊诧的眼睛说：羞羞羞，不要脸！但儿子儿媳也坐在身边，这总是让人感到有些别扭，总是觉得不如围着火塘七嘴八舌地说一些山上的野兽啊、家里的牛羊啊、地里的庄稼啊，那么快活自由。

大地震刚发生的那段时间，电视画面一下子由吃喝玩乐的享乐天地，变成了灾难伤痛的悲惨世界。这段时间，龙溪沟的村民被安排到了汶川县城附近的河谷避难。一个月之后回到山寨，大家再也不愿将自己的情绪整日浸泡在让人伤心的电视画面之中了。村民们纷纷关掉电视机，给电视机罩上布套。没有合适的布套，就找一条毯子、一张羊皮或一件衣服。仿佛不罩上这方屏幕，伤心和灾难就会随时降临。

村民们又喜欢沉思或聊天了。大家闲来往地边一块草坪或家里火塘边一坐，每个人都能发表一套自己关于生死祸福、善恶因果的高论。每个人论点的背后，都有地震中发生的种种事例来作为支撑。永顺父亲贵生，是有名的“释比”。“释比”能通过自己的身体、舞蹈、唱词，完成对神的邀请、鬼的驱使。经常和鬼神打交道，贵生的论点自然分量不轻。我把他在腊月底一次“地边论坛”上，用羌语和汉语杂糅着发表的论点整理如下：“你一个人从娘胎里出来，哪一样不依靠这块土地？哪一样不是土地给的？地球和人是一样的哦！草木就是他的毛发，土地就是他的肉，那些金矿煤矿就是他的骨、他的髓，我们开山打洞修电站的那些河里的水、美国人到处去争去抢的石油，就是他的

血！现在你看山底下，你看电视里，到处都在拔他的毛，割他的肉，挖他的髓，吸他的血啊！他实在受不了了，当然要蹬个腿，翻个身哦！他一蹬腿、一翻身，你就惨了：花那么多钱修建的楼房，本来是用来吃饭、睡觉、办公、享受的楼房，哦呵！这下成了埋人的坟堆……”

羌寨的“地边论坛”、“火塘论坛”，比不得“哥本哈根世界气候论坛”。那些有头有脸的各国政要把地球的危机看得很清楚，把解决危机的办法想得很周到，但就是不肯做。山民们可不同，比如“今年过年咋个过”这个议题，大家在腊月间的一次地边论坛上，10分钟便达成共识：按传统风俗过；20分钟，形成决议：敬神、舞狮、点天灯；30分钟，落实到位：每家出资50元，公积金支出500元，手巧的负责扎狮灯，力大的负责砍天灯杉杆……

大家立即行动，找出了尘封多年的狮头骨架，开始抹灰固节，膜纸画彩。

一天工夫，一只彩狮就在高山夕格转世再生，并在叮叮咚咚的锣鼓声中，在遍地涌动的春雾里，跳跃欢腾。

2009年农历正月初一　汶川县龙溪乡夕格羌寨　杨永顺兄弟

永顺母亲余秋珍属鸡，比永顺父亲杨贵生大三岁。她每天早晨都起得很早。家里火塘中的火是长年不熄的，晚上睡时用火灰把火子一瓮，早上起来拨开火灰，用一根通心棍做成的吹火筒一吹，柴禾引燃，就可以烧水做饭了。永顺母亲每天清早生火做饭时，贵生也会准时来到火塘边。他并不帮忙做饭，而是在靠窗的宽大木凳上坐下来，开始饮酒。那只虎皮小猫，这时也会从余温将尽的火塘边准时起身，“喵”的一声轻盈地跳到贵生的怀里，然后盯着贵生的酒杯，欣赏贵生浅尝一口烧酒之后抿嘴眯眼的陶醉表情。两三杯之后，小猫见贵生饮酒的表情不那么丰富了，就会伸出爪子去挠贵生稀疏的胡须。贵生见小猫需要自己的关注，就从头到尾轻捋小猫，轻声慢语地和小猫细说酒的神奇：“没有酒，一位释比满脑子的柴米油盐、功名利禄，怎么能和鬼神通灵？”

贵生每天清晨都要发表的关于酒与释比的这一理论，总能得到小猫友好的回应，小猫总会在贵生每说一句之后，不失时机的“喵”一声，表示赞同。但另一位听众，就是老伴余秋珍，总和小猫唱对台戏，总是报以白眼或冷笑，甚至在贵生正缓缓述说时，就猛然来一句：“自己都喝成酒鬼了，当然好去和鬼些打堆哦。”

贵生的酒是从山下东门口打的玉米烧酒。二两白酒下肚，贵生往长木凳上一躺，顺手拿来一只小木凳枕在头下。巴掌大的小木凳本是杨有理两三岁时，永顺从山下买来给小儿子坐的，现在成了贵生酒后的专用枕头。虎皮小猫失去了温暖的怀抱，便跳到贵生身上，挠着他的耳朵胡子咪咪直叫。贵生无动于衷，只顾眯着眼，鼾声如雷。

这个飞雪落定的清晨，正是汶川大地震之后的第一个农历除夕这天。永顺母亲生起柴火，把一大锅清水往火塘中的铁锅圈上一蹾，便来到三楼屋顶，取下已烟熏了一年多的猪头。今天，她要将猪头拿到火塘边去，用烧红的火钳烙去眼窝耳背的残毛，然后火燎、刀刮、水洗、锅煮……等贵生酒醒之后，好领着永顺、群星去祭祀祖宗和神灵。

一年一度的团年饭，主要靠永顺母亲和媳妇彩文张罗：磨豆腐、烙馍馍、炖土鸡、泡蘑菇……婆媳俩今天会忙得发辫子不沾背。

2009年农历除夕　汶川县龙溪乡夕格羌寨　余秋珍

大灾之后，村民们敬天祭祖、礼拜神灵，格外恭敬，格外虔诚。贵生带着永顺在日出之前来到屋顶，祭拜屋顶中央的“纳擦”——小石塔上放着的一块白石，代表天神。高山羌寨以白石代表神灵，屋顶中央、屋顶四角、门楣、神山、神树林、泉眼、路口……白石放在哪里，就代表哪里的神。贵生祭拜了纳擦回到火塘边坐下，突然问我：“佛祖释迦牟尼是哪里人？”我说：“是印度人。”贵生“噢”了一声。

永顺接过话题：“听说中国有五十几个少数民族，是不是其他少数民族都有自己的话，都有自己的字？”我说：“不一定的。一个民族可能说不同的语言，不同的民族可能说相同的语言，用相同的文字，比如中国的汉族和回族。”

贵生突然停止了抽烟：“那就怪了，上个月两个专家，县文化局的老师陪着来的，两个人给我讲羌族文化，他们说：羌族是一个只有自己的语言，没有文字，只有白石崇拜、释比信奉，没有自己宗教信仰的民族。还拍我的肩膀说，所以啊，你们释比很重要啊！羌族文化全靠你们一代代口口相传啊！我说：我们也信佛信观音信玉皇大帝的。文化局的老师就把我喊到一边，说：杨伯，你不要乱讲话嘛！那些佛、观音、玉皇大帝，是汉族、藏族信的嘛！你是羌族！你要记好嘛！”贵生说完，用手捋了捋稀疏的胡须，又嘟囔一句：“日怪！”看来，他现在很想和两位专家、文化局的老师辩论几句。但三位客人在一个月前就已下山去了。贵生屁股在木凳上移了移，伸手过来，抓住我的一只衣袖，把我当成了要辩论的对象：“你说佛祖是人家印度人。汉族、藏族，听说还有好多国家的人都信佛，未必然他们就变成印度人了？我们夕格各寨先前都建有寺庙，葳孤山上的川主庙、玉皇庙，大寨子（然各波希）的土主庙，牛场（外日格）的牛王庙，新房子（勒噶）的地盘列主庙。西山白空寺以前也供有弥勒佛……这些寺庙都在‘破四旧’时给破坏了。未必然这些寺庙没破坏前我们就不是羌族，打烂了寺庙我们才成羌族的？”

我说：“看来你才是专家哦，杨伯！但是你把我的袖子都要扯烂了！”

贵生、永顺哈哈大笑。

2009年农历除夕　汶川县龙溪乡夕格羌寨　杨贵生、杨永顺父子

贵生、永顺带着公鸡、酒肉、香蜡，祭拜了楼顶的“纳擦”和山坡上的神树林之后，又拿着月亮馍馍、太阳馍馍，到屋后一处巨石下祭拜羊神。到了午后，家里的十二大神祭拜完毕后，贵生便带着群星在牛圈、羊圈、猪圈门口，贴上了“六畜兴旺”的红色纸条。

能和鬼神通灵，贵生自然不会怀疑自家的牲畜能听懂自己的话，他刚才就抚摸着与自己最亲密的那匹红马，语重心长地说：“摇地震没把我们摇死，就算我们命大了！以后，我不会再让你那么劳累了！”现在轮到给绵羊喂食，他嘴里还是没闲下来：“地震都过去了，你们就不要怕了，好好过个年，好好吃个年夜饭！”

今年杨家的年夜饭多了四位客人：诗人羊子、摄影师旺甲、严木初和我。羊子的家乡在理县西山羌寨，旺甲、严木初的家乡在松潘热务沟和马尔康卓克基藏寨，我的家乡则在松潘汉、回、藏杂居的城北五屯地区。吃过年夜饭，永顺的堂兄弟们也来了，一二十人围着火塘饮酒谈笑。

除夕之夜，山民们热情高涨。加上贵生那玉米烧酒助兴，火塘边一片欢声笑语。酒酣耳热，大家开始唱起歌来：春耕的歌、秋收的歌、节庆的歌、婚礼的歌……情歌太粗野，几个小伙子刚哼出一声，见有群星这几个小女孩在场，就又咽了回去。于是转而回忆各自家乡过年的风俗：敬神、祭祖、赶庙会、耍龙灯、舞狮子、荡秋千、走亲戚、跳锅庄、对山歌……旺甲说有一年正月初三，全寨人争相请客，他一天吃了十三家，唱了几百首歌。永顺说夕格各家分住在几个山坡，跑着趟子吃，从天亮到天黑，一天也只能吃四五家。

约近午夜时分，歌声笑声渐歇，大家这才发现，身后电视机里的春节联欢晚会也同样热闹。

2009年农历除夕　汶川县龙溪乡夕格羌寨　杨贵生

新年伊始，真是万象更新。由于我和羊子、旺甲、严木初四人的到来，村民们聚在一起谈天说地、表达思想的热情更加高涨。“地边论坛”、“火塘论坛”随时召开，参与的人数也越来越多——老人、小孩、村干部、释比，大有与博鳌论坛、“经营·中国”论坛分庭抗礼之势。

农历正月初一，大家往永顺家的火塘边一聚。没有策划，不需要筹备，一个以“现在，哪一样东西对人类的伤害最大”为论题的论坛，就在村民们家长里短、山高水低的闲聊中开幕了。

依风俗，在春节之际，特别是农历正月初一，只宜讲一些吉祥平安的话，但夕格羌人这次仿佛要学一把山下的世界：百无禁忌。也不避讳“伤害”一类的话语，起因是这样的：永顺的母亲打水归来，一直闷闷不乐。羊子过去问了几句，回到座位突然冒出一句：“你们说，现在哪一样东西对全人类的伤害最大？”

“伤害最大！哪个来说？”

“哪个来说，都来说，挨着说说。”

夕格羌寨“岁首火塘论坛”的主题，就这样确定下来了。

贵生年长，又是释比，于是大家都说：“杨伯，你先说。”

贵生也不客气，咂完长烟杆中的最后两口烟，抿一抿嘴：“对全人类伤害最大嘛，我说，就是原子弹！”

“为啥子呢，要说原因。”大家对他提出要求——即兴提出的要求，便成为“岁首火塘论坛”的论证规则。

“听说原子弹有这次地震那么凶，听说，把美国一个国家的原子弹绑在一起，用一根火柴一点，砰！整个地球都要炸烂三次。”

“何止三次，七次！要把地球毁灭七次！”羊子纠正道。

“三次就不得了啦！汶川大地震那么凶，也才伤了几个县嘛！”

大家不约而同地点头称是，显然对贵生的开场论说感到满意。羊子指着坐在贵生左侧的永顺母亲说：“娘娘，该你了。”

“我也说啊？我一个妇道人家说啥子哦？”

“说说说，男女不分，今天都说！”大家一起给永顺的母亲鼓劲。

“要我说，就是农药。”

“为啥子呢？”大家问她。

“以前，天一亮眼睛一睁，叽叽喳喳尽是雀鸟叫，你去打水、割草，雀鸟在你脚边跑来跑去的。自从把农药弄来，好多雀鸟都闹死了。刚才我去打水，看见又有一只画眉鸟死在地边了。”

大家这才知道她刚才伤心的原因。羊子赶紧说：“这下你们晓得为啥子我出这个题目了吧！”

“哎哟，现在这些白菜、西红柿、海椒，才吃不得哦！全是化学药水泡出来的。还有麦子、玉米、猪肉、梨儿、苹果……你们说，有没有以前的好吃？”

大家对永顺母亲的话感同身受。严木初说：“听说转基因食品才吃不得哦！说是美国人研究我们中国人的基因后，种植出来的转基因大豆、大米、玉米，他们不吃，专门卖给我们吃。如果经常吃，我们的后代就会像驴子和马杂交生的骡子、黄牛和牦牛杂交生的犏牛，吃苦耐劳，但不能生育。”

旺甲接着说：“那你还不赶快结婚，改天变成骡子就造不出后代了！”

永顺的母亲指着碗里的凉拌鸡块说：“我们的鸡你们放心吃，不喂化学饲料的，也不是鸡和鹰杂交的，不会生不出后代的。”她显然没听过“转基因”这个新名词，以为是在说鸡和鹰。

“该你了！”旺甲手指抱着小孩站在永顺的母亲左侧身后的永顺表嫂。

“我又没坐位子，我又不会说。”永顺的表嫂刚才还张大嘴巴笑呵呵地专心倾听，见有人让她走上论坛，忙摆手后退。

“说说说，不要怕！”大家又一起为她鼓劲。

永顺的表嫂把抱在右手的小孩换到左手，前进一步，突然伸出右手，向坐在她前面的一个男人头上猛拍下去，吼一声：“他！”

挨打的男人摸着头回身喝问：“打我做啥子！我对全人类伤害最大？”见我们四人有些惊诧，永顺母亲赶紧说：“他们是两口子，两口子！”

“我说就是麻将！”

大家见永顺的表嫂拍了丈夫的头，又说是麻将，于是赶紧问她：“为啥子呢？”

“去年，我们家的两头耕牛丢掉了，到处都找不到，弄得春耕时我天天去挖地，痨病都累出来了。后来派出所帮忙找到了牛，一查，才晓得是他偷的！”

“啊！？”我们四人惊诧。

“他自己偷了自己家的牛。”永顺的表嫂把小孩从左手又换到右手，继续说：“自从那余三娃把麻将背上山，他就天天去打，手气又不好，技术又瘔，结果天天输，欠了一勾子烂账，又不敢跟我说，就想出这么个办法：自己偷自己家的牛去卖，然后把卖牛的钱拿来还赌债。你说这麻将害不害人嘛？”

大家哈哈大笑。永顺的表哥低头盯着火塘，做出要找个地洞钻下去的样子。大家不好在这个时候让他带着羞愧走上讲坛。跳过他，便轮到永顺的一位堂弟了。这位堂弟憨憨地坐着，一直未见他插话和欢笑。旺甲等人欺负他老实，便冲他高喊：“嗨嗨嗨，该你了！”他显然没有料到众人也要让他上台发言，便把双手抱回胸前，身体直往后缩：“我不会说，我不会说。”

“今天每个人都要说。”他越腼腆，永顺和旺甲的喊声就越高。

“说啥子呢？”

大家见他出席如此热烈的论坛，居然还没有弄清楚论坛的主题是什么，很是失望。

永顺赶紧提醒：“现在，哪一样东西，对全人类的伤害最大？”

“铜。”

永顺的表弟想了半天，突然嘴里蹦出一个“铜”字来。大家很是纳闷，大眼瞪小眼。我怕旺甲等人又去吼他，便轻声问：“哪个铜？”

“铜就是铜嘛！”

“为啥子呢？”这次大家是真的有疑问了。

“去年开春，我去挖虫草，跑了一整天，连个虫草的影子都没见到。后来我碰到了曾头寨的老表，我俩十年没见面了，我就请他到屋头来。我把那个好几年都没用过的铜火锅找出来，做蘑菇火锅。吃完了，两个人就肚子痛，接着就拉稀，拉了三天，我老表连走路回家的力气都没有了。原因就是那个铜火锅放久了，没洗干净！”

见他低头不再言语，想必是发言已经结束。羊子文质彬彬地说：“最多，铜火锅也就是让你俩拉个肚子嘛！咋个说得上对全人类的伤害最大呢？”

“啥子是全人类哦？”

“全人类就是整个世界上的人嘛！”

“那我和我老表不是世界上的人啊？”

这下把大家都逗乐了。羊子笑得捂着肚子说：“这下我晓得铜火锅害得你肚子痛的滋味了。”

为了缓解肚子的疼痛，大家开始喝茶、倒酒、夹菜、伸懒腰、上厕所，算是“火塘论坛”的“中场休息”时间。

重新坐定，该轮到村民小组的陈组长发言了。陈组长穿了一套灰色西装，梳了一个大背头，头发油亮。今天他穿的是一双黑皮鞋，不像平时种地或检查村民耕种、施农药时，穿西装、系红领带、梳大背头配一双绿色帆布农田鞋，然后把西裤的裤脚挽到齐膝高。他是夕格村民小组的组长，经常到乡上开会，所以演讲、发言之类的事自然是他的强项。

“我说，现在对全人类伤害最大的一样东西，那肯定就是汽车。为啥子说是汽车呢？我有依据。电视上说，中国每年出车祸要死十万人，十万人哦！这次汶川大地震可以说是百年难遇的大灾难，死了好多人？现在公布的是八万多人嘛！但汽车是年年死，天天死哦！中国一年，就让汽车害死十万人，那全世界呢？好多人？这次大地震我们夕格只死了一个人，就是永顺的大姐夫嘛！全寨子就他开个车，结果呢，地震那天在山下东门口连人带车……噢嗬！”

陈组长双手一摊，然后拿起茶杯喝口茶。看表情，他对自己的发言很是满意。

永顺站在旺甲的身后，他们两人见陈组长的发言获得了一片赞叹，便争着举手发言：“钱！”

永顺的母亲等人赶忙附和：“对对对，钱黑良心。”

羊子等人则马上反对：“钱不害人，用钱买穿的买吃的，都离不得。”

贵生咂一口烟，站在了反对派一边：“山珍海味离不得盐，走遍天下离不得钱。”

永顺和旺甲共同的论点一提出，大家也不问“为啥子呢”，就各自发表意见，赞同方和反对方势均力敌。相持不下，大家只有搁置争议，陈组长最后说：“这个争议，看来也只有留给更聪明的后代去讨论了。”

轮到严木初了。小伙子腼腆地一笑，说：“我说现在对全人类伤害最大的，就是人心……”没等严木初阐释论据，永顺的大爸德才老人，伸手把右侧的严木初手臂往下一压，身体朝前一倾，抢着说：“是地震！”

羊子说：“大爸等一下，一个一个说。”

严木初从19岁开始就跟着我到高山深谷、大漠荒原，徒步或驱车拍片。出门在外，我对他一向多有呵护。但现在他一提出“当今对全人类伤害最大的一样东西，是人心”时，我首先就跳出来反对。我拿出孟子的人性本善理论，再加上古今圣贤们举过的例子，来反驳严木初的“人心谬论”，严木初、旺甲等人随即举出大量例证，据理力争。

正在双方胜负难分之时，羊子在我们粗喉大嗓子的争辩声中，很文雅地说了句："不行哦，严木初！我们的论题是哪一样'东西'，对全人类的伤害最大，人心不是'东西'哦！是人体的器官嘛，咋个是'东西'呢？"

羊子的声音没我的声音大，却比我的厉声雄辩、引经据典的威力大很多，严木初听了，声音马上低下来，"那我重新想一个。"羊子见自己的只言片语就让严木初一派败下阵来，得意之下，他乘胜扩大战果，把目标对准了德才老人："大爸，你的也不行！地震也不是'东西'哦！"

77岁的德才老人，在平时的"地边论坛"、"火塘论坛"中，就很少能争取到发言的机会，见今晚的"岁首火塘论坛"，人人都可以发言，心中窃喜。看他迫不及待地抛出自己的论点，估计趁别人争论、喝酒、吃菜时，他早已做了充分的准备；也许还在心里讥笑这些夸夸其谈的年轻人：放着眼前刚刚发生的大灾难地震不说，尽说些鸡毛蒜皮的东西。但就在他要当众阐明自己酝酿已久的论点时，羊子居然说他的"地震"不是"东西"。

老人心里一急，脖子涨得通红，他用烟杆指着羊子："嗨！你说，地震咋就不是东西？"

"东西，是个实物，是拿得起放得下的！地震能拿得起放得下吗？你拿起来我看看？"

德才老人一时语塞，心想：我快80岁的人了，好不容易可以当着陈组长，当着释比兄弟，当着山下来的摄影家、诗人，把我深思熟虑的观点滔滔不绝地论说一番，这个羊子，平时还喊你老师，就跑来剥夺我的发言权。

我看见老人气得双手发抖、脖子上青筋暴起，羊子又一副当仁不让的样子，便赶忙出来打圆场："大爸，地震确实对全人类伤害很大，我们刚刚亲身感受了，你说得很好，可以说今天所有人里面你说得最好。但是，今天的题目是说'哪一样东西对全人类的伤害最大'。你是释比的刮斯姆（助手），你晓得金、木、水、火、土五行嘛！木和金，对应东、西方；火和水，对应南、北方。水火不能拿起走，不能算做器物，所以器物不能叫‘南北’。锅锅碗碗瓢瓢铲铲，所有有形象、有功用的，拿得起、放得下，看得见、摸得着的，都是对应东西方的用金和木做的，所以叫‘东西’。原子弹、麻将、农药、汽车、铜火锅是东西，地震就不是‘东西’了。”

老人见我一发言就对他有着极高的评价，脸色立刻缓和下来。但把我的话听完之后，发现自己的发言权还是在一番花言巧语中给剥夺了。于是，他站起身来说：“好嘛！好嘛！就依你们嘛！我要睡去了。”老人起身走到门口，回过身来又补充一句：“反正地震害处大。”

羊子想去安慰老人，又好像不愿放弃“真理”。这时，和大爸有同样遭遇的严木初，赶紧跳出来说：“羊子老师，那你说一下吧。该你了。”

“网吧！”羊子脱口而出。

“为啥子呢？”严木初首先问。

“我有切身体会。前几年我教书时，很多学生成绩都很好，又有礼貌。自从汶川街上有了网吧，好多学生就跑去泡，后来就开始逃学，再后来，人都变得傻乎乎的了。有一年的大年三十除夕夜，我们全家正在团年，一个学生家长突然跑来找我，说找不到娃娃了，急得直哭。我说你不要急，到网吧去看一下吧。他说大年三十哪个网吧还开门哦！到了那家网吧，黑洞洞的，十几个娃娃各戴一个耳机，看的、玩的都是色情、暴力的游戏和片子。那家长气得号啕大哭，要和网吧老板拼命……在中国，在全世界，有好多青少年，正是读诗写诗的青春年华，却被这些网吧给污染、糟蹋了……”

羊子说完之后，取下眼镜揉了揉双眼，仿佛自己被自己的描述给深深打动了。

严木初怀疑他这是为强化自己论据的力量而有意附加的肢体语言，但又一时找不出“网吧”论点的破绽，于是，把目光向我投来：“高老师，该你了。”

我说：“当今对全人类伤害最大的一样东西，非电视机莫属。”

听我把人人都离不得的电视机说成是对全人类伤害最大的一样东西，大家齐声发问：“为啥子呢？”

“当今世界，没有任何一样东西能像电视机那样对人类的思想、情感、生活，造成巨大的影响。自从电视机广泛地走进了人类的生活当中，人们便再也难以享受到父母与子女之间、丈夫与妻子之间、兄弟姊妹之间最温暖、最真挚、最细致入微的亲情了；再也难以体会千里相思、鸿雁传书那温婉绵长的友情、爱情了；再也难以体验花前吟咏、灯下阅读的快感；再也难以在与大自然、与另类生命的交往中获得超凡脱俗的灵性了。因为，电视占据了我们的客厅、卧房……占据了我们工作之外所有的时间和空间，让我们生活在一个以暴力、色情、消费、索取、急功近利、好逸恶劳等元素构成的影像世界和虚幻空间里。总之，电视让人类再也难以过上‘人’的生活了。”

我一口气说下来，自觉酣畅淋漓。但现场的反响却并不像我期望的那样——赞叹之声一片，只有陈组长附和了一句：“道理是这样。”反应如此平淡，我开始还想，是不是我把话说得过头了点？给电视罗列的罪状是不是太多了？我立即意识到，我这段话其实是前不久，在成都廊桥画廊和几位“后现代”画家讨论时说过的。刚才还庆幸有现成果子端上桌好不方便！现在才发现，原来城市艺术沙龙里的华丽词句是不适合照搬到山寨“岁首火塘论坛”上来现炒现卖的。

最后一位，该永顺的弟弟——永学了。永学的腿有残疾，在郫县一家工厂做工。

“该你了，永学。”大家想听永学最后说些什么。

“电！”永学大吼了一声。

出乎众人所料。大家一齐向他发问：“为啥子呢？”

永学不慌不忙地说：“今天晚上这么多人，说得最好的，是羊子老师和高屯子老师。电脑、网吧和电视机，对全人类影响最大，也伤害最大。”

“那你说‘电’做啥子呢？”大家一齐问他。

永学也不忙回答，喝一口茶再缓缓答道：“没有电，电脑、电视机你能用吗？”

永学的机智回答使大家佩服不已，都说：“永学太有才了。”

……

两个月之后，羊子的几位诗友罗子岚、雷子等，听说夕格羌人要迁离山寨，便结伴爬上山来“寻找创作素材”。他们听说我们在山上前后已住一两个月了，便到我们这里来打听轶闻趣事。我把农历正月初一“岁首火塘论坛”的情形，兴致勃勃地讲给他们听，大家听了齐说：“好玩啊，可惜当时不在现场。”我说：“那你们就参与进来，现在来说一说，当今哪一样东西，对全人类伤害最大？”

诗友们立刻陷入了沉思。这时，随着诗友们一起上山的县政协张副主席，上前一步不假思索地说：“宗教！宗教伤害最大！”

我吓了一跳，忙问他为什么是宗教呢？

他回答：“现在我们在讲‘科学发展观’嘛！”

2009年农历正月初一　汶川县龙溪乡夕格羌寨　杨贵生

进入4月，空寂的龙溪山谷开始回响起了村民们唱给耕牛，唱给土地，唱给自己的春播之歌。

垮坡、马房、直台、夕格，这些高山村寨的耕地，都被乱石、荆棘、土坎，分割成巴掌似的一个个条块。所以耕牛对于高山村民来说至关重要。春天播种、驮粪，秋天操地、驮麦，都是耕牛打主力。耕牛中犏牛最珍贵。公犏牛生来就不贪欲好色，即便在春天它也不会像其他畜生那样，翻山越岭四处寻找伴侣，疯狂发泄性欲。也许是因为自己的精气神没有被劳神费力的性行为泄漏损耗，也许是因为自己不会为情所困，不会为生儿育女、争风吃醋之类的琐事劳心伤神，才成就了犏牛任劳任怨、力大耐劳的优良作风和为牛品格。

犏牛劳力好自然价也高。一般家庭买一头犏牛，再配一头价钱便宜点的黄牛或二刈子。说来也怪，公黄牛和母牦牛交配产下的犏牛，脾气温顺、力量大、耐力也好，而公黄牛和母犏牛交配产下的二刈子，则脾气怪、耐力差又不合群，无论驮麦子、耕地都让人头痛。耕地时，主人把犏牛架在左手一侧受力较大的“压手”，把二刈子或初学耕地的新牛，架在右手一侧受力较小的“打手”。山高坡陡耕地狭小，每块地的边沿，往往是齐岩高坎。所以耕牛拉犁转弯时特别危险。此时，耕者如不耐心安抚劳累惊恐的耕牛，特别是二刈子之类，便很容易发生险情。安抚耕牛，高山村民没条件“对牛弹琴”，却可以对牛唱歌：

2009年4月　汶川县龙溪乡夕格羌寨　杨贵生、杨永顺父子

花牛俩俩哎！

你不要使性子哦！

你使性子我就会打你你痛在身上我痛在心里！

我请不到人帮忙没有人牵你就靠我俩了啊！

太阳这么大你也晒我也晒！

对面山坡那一对在看着我们！

我俩不能让人笑话啊！

太阳落山回家后就给你好吃好喝哦！

耕完这块小地我俩明天就到大块地里去耕了！

对面山坡上看我俩在大块地中就像两片乌鸦！

有外人来夕格，夕格人都能用汉语应对。本寨人用羌语交流，也杂糅着不少汉语，但给耕牛唱歌，那一定得是纯正的羌语。贵生给我翻译永顺边犁地边给耕牛唱的这段唱词时声音低沉，他叹一口气说："有时候，会唱得牛也流泪人也流泪。"

现在是4月中旬，龙溪山谷的春播之歌正此起彼伏，而山谷深处的夕格寨，耕者唱给耕牛的歌声，却渐渐低落成了一声声心神不宁的叹息。玉米、小麦、洋芋、胡豆……大部分作物已种在地里了，但听说政府打算将夕格村民迁往邛崃的方案要马上启动。迁，还是不迁，没有最终的消息；坚守故土，还是听从政府安排，也让人踌躇难决。

4月15日，永顺从山下上来，说在周乡长和陈组长那里得到了确切消息，政府已做出了最后决定：将夕格和与夕格隔山相望的直台村迁往成都以西约一百公里的邛崃南宝山。

贵生正要出门去做法事，永顺就带回了这个不知是好还是坏的消息。不再爬坡上坎、肩扛背驮，出门一招手就能乘车的生活人人向往，但要永远离别夕格的山神、羊神、自家的家神，和深眠在山野间的祖宗，真是让人难以割舍！

2009年4月　汶川县龙溪乡夕格羌寨　杨贵生、杨永顺父子

4月16日，龙溪乡周乡长带领一名副乡长、一名乡干部驱车来到垮坡村，然后徒步爬坡，约两个小时就到了夕格寨。葳孤、牛场现在已是空寨。全村男女，从分布在深沟两面山坡上的大寨子、新寨子、乱石窖，已聚到了麻地头溪水边的一处小块平地，等候周乡长的到来。

从行政区划上来说，夕格各寨加起来，只是汶川县龙溪乡垮坡村的一个村民小组。所以垮坡村夕格组的陈组长，实际上就是夕格羌寨的“最高行政长官”。周乡长来到麻地头，从兜里拿出一张纸，念了一段《关于汶川县龙溪乡夕格、直台两寨村民迁往邛崃市南宝山原劳改农场的相关决定》之后，把目光投向坐在草坪或石包上的村民们说：“前段时间，乡上也请陈组长回来先做大家的工作，征求大家的意见。得到的答复是，绝大多户人家都愿意搬迁。政府的原则是鼓励但不强迫搬迁，愿迁的迁，愿留的留。但绝大多数人家迁走了，一两户留下来，以后的电可能就没法保证。迁走的日期已经决定，就是5月8号，汶川大地震一周年前三天。到时车队在山下东门口接。”周乡长停下话向同来的副乡长招手，从她递过来的包里拿出一叠更厚的纸，展开后用手指敲一敲说：“现在各户的户主，在自愿搬迁书上签字按手印。”

周乡长话音一落，坐在地上的男男女女拍打着屁股上的灰尘，突然躁动喧闹起来：“南宝山去都没去过，好不好都不晓得，咋个就签字哦？”“咋个说走就走哦？”“婆娘都还没拿主意，我不敢签字的哦！”陈组长见状，马上站出来说：“我都给大家说过好多遍了，政府也是为我们好，直台山又高、水又缺、路又险；我们夕格呢，修公路必须经过垮坡的地盘，土地补偿又说不好。加上坡又陡，岩又大，不能实现村村通公路，我们又天天去要求修路，去吵，乡上也着急啊！没有办法嘛！你看人家垮披，通了公路好方便，你看汶川街上，柏油马路！我们呢？还在爬坡上坎，人背马驮。我们不为自己想，也要为儿孙想一下嘛，娃娃上个学啥子的也方便嘛！南宝山有公路，劳改农场也有地，我去看过了嘛！未必然我整自己人？”

现场顿时安静下来。这时，严木初扛着摄影机过来对我说："上面那两树桃花开得很艳，我们透过大片桃花来俯拍他们肯定不错。"

我爬到坎上，正透过大片艳丽的桃花拍摄树下的人群时，发现取景屏中，刚才还密切配合的周乡长和陈组长好像吵起来了。我把摄影机交给严木初，跳到坎下一问，原来大家听周乡长说5月8日迁走前，只许带必要的食物和生活用具，马、牛、羊、猪、鸡、狗……所有牲畜都要就地变卖，不能带走。一听这话，众人立即争吵起来。陈组长见势，也马上站回了本寨村民的阵营，与婆婆大娘们一起七嘴八舌，围着周乡长争吵：

"哦！那咋个得行哦！只有半个月时间了，咋个卖得脱哦？"

"那么多玉米、麦子、洋芋，还有犁头、家具、锅碗瓢盆……十几天时间咋个背得下去呢？"

"看见我们急着卖，那些牛贩子、马贩子，就要拿起柴刀砍价，我家的三头牛、二十多只羊、两匹马、四头猪，几百斤粮食，你给我算一下，要少卖好多钱？"

周乡长受到四面围攻，百般解释也一舌难敌千口。这时，他眼睛一转，叹了口气："哎呀！你们把我肚子都吵饿了。赶今天这个会，早饭都没吃。我们几个人走了几个钟头山路，肚子都饿得话都没有力气说了。"这一招马上见效，几个老人和陈组长赶紧说："哎呀，对不起对不起，咋个叫你到夕格来还饿肚子呢？赶快做吃的赶快做吃的。"

大家撤到麻地头陈组长家。周乡长改变战术，趁婆婆大娘们忙着蒸饭烹腊肉，便迅速召集陈组长和杨、余等几个家族"主伙"的男人，每人一碗酒，闭门磋商。

把柴火生旺、把腊肉烹熟、把米饭蒸好，是需要好一阵时间的。全村人今天不能都吃陈组长家吧？于是不经饿的年轻人很快散去，担心娃娃不会做饭，猪没人喂的主妇也跟着走了。两个小时后，饭菜终于端上了桌，闭门磋商会议转移到饭桌上继续召开。酒足饭饱之后，周乡长的战略战术取得全面成功，陈组长和几位与会者纷纷表示：

"桃花树下就有好些人按了指拇印印，刚才有些婆娘回家做饭时又按了才走的，剩下的那些脑筋转不过弯的，我们去做工作。”

“陈组长先去说顾全大局那些大道理，我们说小道理，再发动婆娘娃娃一起去劝，用车轮战术。”

4月18日，夕格、直台两寨有手机的村民，一大早便跑到自家楼顶，或某个信号好一点的山头，向沟里沟外的亲戚朋友道别。当然道别之后还有更重要的事，那就是通过亲戚朋友向全社会广泛发布低价售卖牲畜的广告。

一时间，近在龙溪沟内的垮坡、阿尔、东门口，远在汶川雁门，茂县三龙等地的牛马贩子和村民闻风而动。高山村寨的地边路口，顷刻间变成了牲畜交易市场。山路上赶牛赶马的吆喝声，一时全面盖过了耕者唱给耕牛的春耕之歌。

通往高山之上的直台，有一条蜿蜒曲折的机耕道，只有小四轮拖拉机可勉强行驶。我和旺甲、严木初把越野车停放在山下水电站的院子，扛着摄影机，背着照相机，抱着三脚架，站在小四轮的拖斗里，突突突突摇摆跳动着绕山路上行。十几分钟后，只听小四轮的喘气声更加痛苦急促，透过排气筒滚滚涌来的一坨坨黑烟，我看见前面的山路仿佛站立起来了。小四轮过度劳累吐出的黑烟很快就把我们三人涂抹得像拍摄灾难片或战争片时化妆过度的演员。黑烟呛得人呼吸梗塞，又怕小四轮积劳成疾，我们三人选择了徒步上行。路上，听见一阵阵杀猪声在山谷飘摇，近到村口，才发现村民和猪贩子们，分两三个人一组，从各家各户的猪圈里，抓着拖着那些肥猪往停在村口的小四轮拖斗里塞。

永顺与他三个堂兄弟搭伙的四头犏牛，经过地边、屋顶、火塘、饭桌的多轮耕牛贸易谈判，终于和垮坡的一位老表达成协议，顺利成交。十多年来与贵生形影不离的那匹清瘦的红马，现在也得卖了。买主说马很温顺，打算牵到去九寨沟路上的叠溪海子去供游客骑游拍照。

马要牵走了，贵生看见两股晶莹的泪水从红马深黑的眼眶滚落而出，自己禁不住跑上前去抱住马头，老泪长流。

2009年4月20日　汶川县龙溪乡夕格羌寨　村民四人牛两头

5岁的群星这几天最高兴。长到5岁，爷爷奶奶还从来没有像现在这样，兴致勃勃地搬出这么多东西，陪自己做游戏、过家家。

羊子的诗友罗子岚、雷子等来到永顺家寻找“创作素材”时，永顺和他的妻子彩文已把大部分家什背到了垮坡。除了我讲的“岁首火塘论坛”趣闻外，诗友们还寻找到了遗弃在房顶的几个老瓷碗，和一个看上去有着悠久历史的驮鞍骨架。诗人们见这些旧物丢弃在楼顶一角，便纷纷前来责怪贵生和永顺：“咋个把那些塑料桶桶、塑料碗碗背走，把这些这么有感觉的东西丢在这儿不要哦！”

他们嘴里责怪着贵生、永顺不识货，手上却早把老瓷碗、老驮鞍拾在手心，想把这些寻找来的“创作素材”据为己有。罗子岚找来一块抹布，把老瓷碗擦洗干净后，走过来说：“杨伯，能不能把这几个碗和这木头鞍子卖给我？”

“哎哟！这些东西好多年都没用了，卖啥子卖哦！你看得起拿去就是了。”

罗子岚感觉另外几个诗友见她淘到宝贝有些眼馋，为了不落个强迫索要的名声，她又说：“这些东西很有特色，比那些塑料碗碗好，我劝你们还是拿走吧！”

永顺说：“从这里背到垮坡，再从垮坡叫小四轮拉到东门口，从东门口再拉到邛崃，听说要在邛崃抗震棚里住两个多月才到南宝山。这么搬来搬去的，到了南宝山，老瓷碗早就成一堆瓷渣渣了。”

另一位诗友赶紧说：“那把老鞍子、铁锅圈拿走嘛！”

永顺说：“牲口都卖完了，拿鞍子有啥子用？到邛崃那边去，听说烧火做饭都不是用火塘，铁锅圈不晓得还有没有用了。”

2009年4月21日　汶川县龙溪乡夕格羌寨　群星

听了几位诗人的话，永顺蹲在地上，注视着已经散了架的“锅盖”、积满灰尘的电视机和罗子岚还没拿走的木鞍，内心有些犯难：哪些东西该丢弃？哪些东西该带走？这确实是一个问题，是继十几天前，一直困扰大家的“留下还是迁走”之后的又一个值得思考的问题。

“就是你们几个，让永顺徒增烦恼。”见永顺蹲在地上默不作声，我把矛头对准了几位诗人。

罗子岚说：“哎呀，我们这样一说，反而把永顺说得不高兴了。”

见诗人们有点闯祸的样子，我便忍不住想和他们开开玩笑。我说：“先前，人类本来生活得无忧无虑。饿了就采野果，冷了就裹兽皮，饱了暖和了就找个伴侣，好不自由快活。但就是有人唯恐天下不乱——那个亚里士多德，说地球是圆的；那个达尔文，说人是猴子变的；那个马克思，说金钱决定一切；那个弗洛伊德，一定要说性最重要；还有印度人释迦牟尼、犹太人耶稣、我们中国人的孔夫子，说人类这样不对，那样要改。有了这些人和受这些人‘毒害’的知识分子、作家、诗人，比如你们几个，从此，人类就再也没有自由、快乐了。”

见我和几位诗人如此“戏说”，严木初笑嘻嘻地问我：“那你说这些中国的、外国的大人物，哪一个最让全人类不快乐？”

在正月初一“火塘论坛”上，严木初关于“人心，是当今对全人类伤害最大的一样东西”的论点被大家驳回以后，好像一直耿耿于怀、心有不甘。看样子，他是想把那晚的“火塘论坛”，延续到今天的屋顶上来继续召开。

我说：“这都是戏说。不过要说当今让人类、让地球最不快乐的是哪一个人？那倒是有一个。”

严木初问：“哪个？”

“就是那个经济学家，英国人凯恩斯。就是他提出‘消费刺激生产’这个理论，像是喂给这个世界的一颗摇头丸，把全世界都整疯了。消费刺激生产！一天三顿粗茶淡饭的消费够不够刺激生产？一天大鱼大肉的消费够不够刺激生产？一天刺身、燕窝、鲍鱼、海参的消费，够不够刺激生产？这还不够，肚子吃圆了，吃出一身病了都还不够。有人算了一笔账：中国人一年在餐桌上浪费的粮食，能喂饱整个非洲。”

“就是嘛！你看那电视里头，一天都是这样吃、那样喝的广告，好像人都是些猪八戒，一天到晚光晓得吃！”贵生不知什么时候上楼来了。

我正说到兴头上：“只是拼命吃还不够，都还像大官、大款、大腕一样：名车、美女、大洋房，还要搞上千万的葬礼、亿万的婚礼。这些还不够，那就要寻找最能刺激生产的消费。美国是凯恩斯主义的崇拜者，他们找到了！”

“啥子？”严木初问。

“战争！战争是人类现实生活中最大、最快速、最能刺激生产的消费。为了把人类集中在钢筋水泥的丛林里比赛消费，就需要生产大量的汽车；为了消费汽车就需要生产大量的石油；为了廉价的石油，就需要生产中东动荡的局势，例如伊拉克战争。美国就是根据凯恩斯‘消费刺激生产’这句话来培养自己的文化产品、价值体系，并把人们的欲望煽动起来的。人的消费欲望一旦被煽动起来，消费观让人接受，那就好办了——你们都想开我生产的豪华汽车，都时兴消费我生产的苹果、可口可乐、麦当劳，都爱看好莱坞鼓吹性、暴力、灾难与战争的大片，都想购买爱国者导弹、F-22战机……游戏规则掌握在手：做买卖都得用我的钱，谁对谁错都是我说了算。你想一下，为牟利而有意煽动的过度消费，必然导致无节制的索取和掠夺。向谁掠夺？向别的地区、别的国家、土地、海洋，甚至别的星球。所以，你们说，只知道消费和索取的生活，能有真正的自由和快乐吗？”

严木初的嬉笑变成了苦笑：“美国人倒是好像很自由，很快乐。他们仗着自己的军力强大，啥子石油资源、海洋资源，想夺就夺、想占就占。”

“怪不得哦，美国那个奥巴马，很不得了的样子。你不要看他说起话来笑眯眯的，看样子比前头的那个克林顿还不好惹！”贵生是每次“地边论坛”和“火塘论坛”的积极参与者，现在自然不甘心落后。严木初话音一落，他便及时表达了自己对美国总统的认识和剖析。

“网上最近已把奥巴马评为‘全球最有权势的人’了。”一位诗友随即发布最新消息。

“奥巴马有哈子权势？他和克林顿，都只不过是个傀儡。”

贵生不解：“傀儡？”

“傀儡就是木偶，后面有个主人，有个老板。有根线绑着木偶的脚杆手杆，你咋个扯，他就咋个跳，要听背后那个老板使唤的。”

“那扯奥巴马脚杆的是哪个呢？”贵生问。

“是那些大银行家、金融家、石油商、军火商。”

这几天本想刺探贵生释比与鬼神通灵的秘密，本想拍一组他踩红铧、坐红锅、耍火链给人疗病的镜头，但见他一直忙着收拾要搬走的东西，就不好开口。旺甲便拿话激他：“杨伯，你会不会踩红铧、吞铁针这些法术哦？”贵生从嘴里取出烟杆：“嘁！这些都不会，那还叫啥子释比？‘九比’都算不上嘛！”

贵生跟我有个共同的爱好——凡事都爱拿来戏说，有他在场，我便又来劲了：“选美国总统就是选一个能代表这些大商人、大老板利益的人。你把我的利益保证了，你就当得好。我要垄断石油了，你就快去给我收拾不听话的萨达姆、卡扎菲；我要卖军火了，你就快去给我到处惹是生非。”

“哦，那这些老板才是凶人啊！”贵生边感叹边把烟杆放在左手，做一个拉扯木偶的动作。

“这些老板也是傀儡，也是个木偶，他们后面还有个更大的老板。”我如此一说，大家又“啊”的一声，觉得我的“戏说”越来越离谱了。

“这些人后面还有个更大的老板，就是杨伯……”

贵生吓了一跳，正要发问，我接着说：“你刚才说的：猪八戒。”

贵生笑眯眯地说：“我还以为你说我有那么凶，原来是说猪八戒啊？”

严木初有点着急：“咋个是猪八戒呢？”

我见严木初着急，便故意慢条斯理地说：“《西游记》里猪八戒代表什么，孙悟空代表什么，晓得不？”

“孙悟空代表人的意念，我们才在说永顺的铁锅圈背不背走，一秒钟后就飞到了美国白宫说奥巴马是不是傀儡。两个相隔十万八千里，一个筋斗，又从美国飞回来了——人的意念最难管，最难降服。猪八戒代表什么？代表人的贪欲。你看他美食、美女，啥子都想要。支配这些大财团大老板无休止地去消费、生产、占有、掠夺的是什么？是人的贪念、贪欲——是猪八戒。”

贵生听来觉得有趣，把烟杆往烟袋里一放，对我的长篇大论做出精辟概括：“奥巴马真正的老板，就是猪八戒。”

……

永顺这几天确实太累了。自从4月22日把牛、马、猪、羊卖完之后，父母在家收拾，永顺和妻子彩文就开始往垮坡背运玉米、小麦、洋芋，和那些箱箱柜柜、锅锅碗碗。两个人每天天刚麻麻亮就背负一两百斤的东西下山。早饭前背一次、上午一次、下午一次。每次来回要4个小时左右，连续十天，两口子已是筋疲力尽了。

5月5日，家里的东西都搬完后，永顺还是决定把铁锅圈背走。不管别人怎么说，他总是难以想象没有铁锅圈的家庭生活——没有火塘，没有铁锅圈，怎么生火？怎么做饭？怎么烧水？怎么取暖？甚至，一家人聚在一起该怎么落座？怎么说话？怎么吃饭？如果一个家庭的所有成员，不能紧密团结在以铁锅圈为核心的火塘周围，那么，家，还成其为一个家吗？

随着4月16日在陈组长家召开的“饭桌会议”精神，和这次会议所制订的“车轮战术”的贯彻落实，余下几户人家的户主，很快就在“自愿搬迁书”上签了字按了手印。唯有永顺大伯德才老人的二儿子杨永富，“像黄牛一样倔，像二刈子一样怪（贵生语）”。死活不肯把他的指头，往陈组长送到面前的红色印泥里杵。永顺去劝他，他回敬永顺：“下坝子地方有啥子好？我们又没有花花肠子，搅得过那些人嗦？地又少，我们靠啥子生活？那些山上，有虫草采吗？有贝母挖吗？能养牛养马养羊吗？公路？你一天望着公路肚子就饱了？”

大家无计可施，说看来只有请三爸贵生出马了。贵生烟杆一放说：“要说，喊他过来说，我就不信。”

永富来到三爸身边坐下，贵生问他：“听说就你一个人还没盖指拇印印，你一家人不走啊？”

永富说：“不走。”

贵生说：“大家都走了，夕格就更没希望通公路了，你儿子儿孙都跟着你爬坡上坎过日子啊？你看你的女儿杨丽，长得好乖！你叫她留在这儿变野人？大家都走了，乡上把电给你一断，你一家人天天打黑猫啊？大家都走了，人烟一稀少野物就凶，你不怕老熊把你一家人吃了啊？”

第二天，杨永富在“自愿搬迁书”上签了名、按了指印。他说：“东西搬不完算了，先把这供奉家神的神龛搬了再说。”

2009年5月2日　汶川县龙溪乡夕格羌寨　杨永富

依照乡上的通知，要搬往邛崃的东西必须在5月6日之前全部搬运到东门口，5月7日清点人数，5月8日一大早装车出发。按这个规定，夕格各户必须在十多天的时间内，变卖完所有牛马猪羊，把所有要搬迁的东西背运到垮坡，再雇小四轮转运到东门口。

这几日烈日难当，大家也只得每日和永顺、彩文一样，早晚不敢停歇。经过十多天日夜辛劳，到5月5日，各户已把牛马猪羊悉数变卖，把玉米小麦、箱箱柜柜都背下山了。

现在，夕格人要和世代受其护佑的山神、水神、羊神、神树林，和深睡在山野之中的前辈先人一一道别了。5月5日大清早，全寨男人一齐来到葳孤山上的玉皇庙。据说许多年前，夕格人从西北草地来到龙溪深沟，最先就在葳孤这个三面绝壁，易守难攻的山头落脚。葳孤山头的玉皇庙，现已是一片废墟，没有任何房屋和塑像，只有野树荒草中，兀立着几截断壁残垣。

贵生头戴猴皮帽，手执羊皮鼓，脚蹬云云鞋。围绕着废墟中燃起的一堆篝火，在缭绕的青烟和闪烁的火光中迈着禹步、和着鼓音，开始唱颂舞蹈礼敬诸神。随着火焰在微风中不断蹿高，贵生的鼓点、唱音和舞步随之高亢急促。看见鲜艳的火光在贵生脸上跳动闪烁，我不由想起三个月前，贵生在他家里的火塘边，给我讲述夕格羌人四次迁徙的故事；我仿佛看见了夕格羌人第一次来到葳孤山头的那一幕：一群长途跋涉之后的羌人，点燃一堆篝火，在一位老年释比的引领下，面向四周的高山、树林齐声祷告。那是一片长途迁徙、流离失所之后，渴望接纳、渴望安居的声音啊！时至今日，仿佛依然在深寂的龙溪山谷，流淌飘摇。

2009年5月5日　汶川县龙溪乡夕格羌寨　杨贵生

许多年之后，他们的后世子孙同样站在这个山头，同样在一位老年释比引领下击鼓祷告，却是为了向四周的山水树木，向那位逝去的释比祖师，说一声："我们走了。"

大家宰杀了一只绵羊作为对夕格诸神的奉献与感恩。68岁的袁德才老人一生颠沛流离，从青年至中年，他都流落各地帮人割麦、修路、背货、赶车。曾以为50岁以后，高山夕格终究还是他身心困倦之后的归宿。没想到现在又要和所有夕格人一样，与曾经认定是一生归宿的夕格山谷永远告别了。现在，他怀抱作为牺牲的绵羊，走向那块代表玉皇大帝、代表夕格诸神的白石，虔诚祈祷。

祭祀结束，在下山的路上，袁德才和贵生一同唱起了关于迁徙和离别的歌。老人泪流满面，泣不成声。这是我至今听过的最为幽怨哀伤的曲调。

2009年5月5日　汶川县龙溪乡夕格羌寨　袁德才

从崴孤山头回到家里，贵生从神龛里恭恭敬敬地请出了一具象征释比祖师的金丝猴头骨。每次特别重要的祭祀完成之后，作为祭祀主持者的释比，都要向头骨供献作为牺牲的牛或羊的内脏，并用一层红纸围绕头骨仔细包裹。这是贵生第二次给头骨包纸。从纸的厚度来看，这具金丝猴头骨在贵生这一系释比传承中可能已历经好几代人了。

我问贵生：“杨伯，这个头骨是不是最早来到夕格的那位祖师传下的？”贵生并不言语，只是点点头，一脸肃穆。

2009年5月5日　汶川县龙溪乡夕格羌寨　杨贵生

夕格人迁走之后，这片高山将成为垮坡寨的牧场。所以贵生和永顺把自家的房子卖给了垮坡的亲戚家作牛棚。

5月6日清晨，贵生和大哥德才开始一声不响地收拾各种祖传释比法器。兄弟俩面色凝重，对旺甲、严木初的提问充耳不闻，全然不像前两日在楼顶，和大家一起戏说“奥巴马的老板是猪八戒”时的情形。兄弟俩仿佛隐隐感觉到，这些古老法器今后的命运，比自己这把老骨头的命运更加难以预料。

贵生三兄弟都是释比，贵生主要做敬神祭祖之类的“上坛”法事，而大他7岁的三哥（老二早夭）水生，则主事驱邪、镇鬼、消灾之类的“下坛”法事，老大德才就充当两个兄弟的“刮斯姆”（助手）。

2009年5月6日　汶川县龙溪乡夕格羌寨　杨德才、杨贵生兄弟

敬奉了猴头祖师之后，贵生和大哥德才带领着后辈儿孙来到母亲坟前与先人告别。

见三兄弟中缺了水生，我忙问贵生："杨伯，三爸咋个没来？"

贵生对我耳语："他不来，等大家在邛崃安顿好了，他还是要回来住的。"（一年之后我去南宝山，没看见三爸水生，永顺说："三爸带着三妈又回夕格住了。"）

77岁的大爸德才在母亲坟前烧纸时哭得特别伤心。现在他要带着祖传的羊皮鼓和一枚木刻雕像下山去了。我看见长久积存的油烟尘垢使这枚木刻雕像面容模糊。但从五官和发式上看，让我联想到了遥远的西域。

旺甲不像许多读书人，见到什么听到什么，就不自觉地顺着书写者的意思去想，照着书本去套。

"大爸，这是个啥子人哦，眉毛胡子都看不清了，你还把他当宝贝一样？把它甩了算了。"旺甲上山以来就一直喜欢和大爸开玩笑。

老人一脸严肃："这个人你敢甩？甩了叫哪个捡到了，那还得了！"

听老人严肃又神秘地这么一说，旺甲弄不清大爸是故弄玄虚，还是这位面目怪异的小黑人真的有着不同寻常的来历。他赶紧问大爸："不得了？有啥子不得了？"

"你们这些年轻人不晓得深浅！雪山令，晓得不？扎山，晓得不？这是一个管下索子的神人！你不要看这么小一个，有了他，上山去把索子一下，咒子一念，你想叫獐子往你的索子里钻，它就钻；你想叫豹子往岩底下跳，它就跳。你叫我把它甩了，哪个心不好的捡了，万一他又晓得咒子，那还得了？"

大家刚才对木刻小人还有些轻慢，听大爸这么一说，对其顿生几分敬畏。

2009年5月6日　汶川县龙溪乡夕格羌寨　杨德才、杨永富父子

专事镇鬼驱邪的水生，却被一只灰熊挖掉了鼻子。

大约在十年前，一只体形硕大的灰熊从高山上的牛场下山，来到夕格五寨即将收割的庄稼地里尽情吃喝玩乐。没几天，山野中一片片蓬勃生长的庄稼便在灰熊跳跃翻滚的游戏中变成了一张张草毡。村民们赶紧以扎茅人、吼号子等恐吓战术应对，但灰熊并不把人放在眼里，对扎茅人、吼号子之类伎俩充耳不闻、视之为儿戏。这灰熊“一根肠子通屁眼”，边吃边拉，头天还在地里摇曳生姿的麦穗、豆角，一夜之间就变成了草毡上一堆堆冒着热气的粪便。一堆堆熊便中，成形的麦粒和豆瓣清晰可辨。

是可忍，孰不可忍！全寨村民为捍卫一年辛苦的劳动成果，决定奋起反击。

这天，全寨男女一齐出动，有的拿刀，有的握捧，有的捡石块，有的端明火枪。妇女、老人、小孩则击碗敲盆，助威呐喊。

水生站在悬崖边手握棍棒正高声吆喝，不料，被明火枪打中肚子的灰熊，突然从他身后蹿出将他抱住。扭打之中，人熊双双从葳孤山山头的百丈悬崖凌空坠落。

大家跑到谷底看时，发现身躯硕大的灰熊已没了气息，而躺在灰熊身上的水生，却还喘着粗气，只是满脸血迹，鼻子不见了。

现在，水生背着他驱邪作法时常用的羊皮鼓，走过半月前刚播下种子的庄稼地，离开了老屋。

2009年5月6日　汶川县龙溪乡夕格羌寨　杨水生

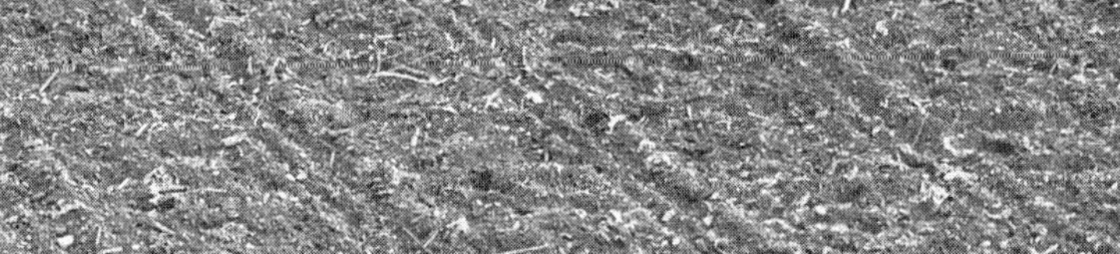

直台寨虽居高山，但各家各户的粮食和木床、木桌、木凳、木柜、老房木料等大件东西，都可以用小四轮往山下的东门口转运，不需像夕格那样，全靠人背。

48岁的马宝香，用七八天时间终于把锅碗瓢盆等小件杂物全部转运到了山下。从山下回到村口，马宝香停住脚步，面对山包上已然坍塌的八塔凝望良久，然后向八塔废墟走去。

凛然站立在村口一处浑圆山包上的八塔曾是直台寨的标志、直台人的骄傲，可惜在汶川大地震中轰然坍塌了。马宝香在苍茫暮色中伫立高处，举目四望，像是在顾盼流连即将永远离别的田野、小路，又像是在向东门口，向即将前往的邛崃方向，极目瞭望。

前几年，一座高大的三角形手机信号铁塔在直台村头拔地而起，与古老的八塔并肩比高。铁塔发出的信号，让直台人与周遭世界的距离越来越近，而八塔塔身石面上的古老符号（有人说是古羌文）却被岁月的风雨日渐消磨。及至后来，再也没有人能识别这些古老符号，甚至没有人能说得清楚八塔的历史和它本来的名字。

前几年，一些文物贩子在八塔周边盗掘了许多墓穴，挖出了许多陶器、石器、铁器。从散落野地的一些残片上，我们就能感受到这些古老器具的优雅和精致，能感受到一种别样的文明。八塔坍塌之后，直台村口只剩下那座手机信号铁塔，与天比高。暮色降临，我把目光从巨人尸骸般的八塔废墟移向那座深灰色的尖锐铁塔。我看见，铁塔脚下的残房野地里，成片灰白色的塑料薄膜，在苍茫暮色的微风里飘舞闪耀。我突发奇想：许多年之后，我们的后代，也许还会像我一样来到高山直台，来见证、来书写、来记录；也许，他们还会像那些文物贩子一样，来考证、来掘塔、来盗墓。那个时候，他们对我们今天的生活会持怎样的态度，会有怎样的发现和评价呢？

2009年5月1日　汶川县龙溪乡直台羌寨　马宝香

龙溪青年余永清是近年来高山羌寨快速变迁的在场者、见证者和关注者。他说，60岁的王明强是直台最后一位“真正称得上释比的释比”了。

王明强家里牛马不多，他把一头黄牛卖给了阿尔人，二十多只山羊卖给了巴多人之后，心中有些失落。在过往的岁月里，王明强都是与羊群为伴，他常把羊群散放在一片山坡，或秋收之后、春播之前的庄稼地里吃草，自己找一处高地坐下，长久凝望着高高耸立的八塔，凝望着眼底苍茫不绝的群山。

祖传的释比法器：羊皮鼓和猛兽头骨帽，断不可毫无尊严地与那些锅碗瓢盆、鞋子袜子之类混在一起，需得自己亲身携带。5月5日，王明强坐着一辆往东门口搬家的小四轮，绕着蜿蜒曲折的盘山公路，与高山直台告别了。

2009年5月5日　汶川县龙溪乡直台羌寨　王明强

李福全家现在遇到了麻烦，直台村大部分人都已搬完东西下山去了，可他70岁的母亲马清玉仍然沉闷不语，不愿离开。这让李福全的妻子陈玉香束手无策。

许多家具已搬下山去了，老人在门口找一段残墙坐下，眼睛一直盯着地面，偶尔对劝她的儿媳嘟囔一句："那么多先人都在这儿，我不走，要走你们走。"

2009年5月4日　汶川县龙溪乡直台羌寨　马清玉、陈玉香婆媳

5月6日，就在离别直台的最后一刻，65岁的罗金富婆婆，仍然对迁往邛崃的前景充满担忧，她担忧身有残疾的8岁孙子王清根，到了一个自己从来没听说过的邛崃，怎么成长、怎么生活。老人远远望见我们，就牵着孙子走过来，边抹泪边说："师傅些哎，你们看我这个孙儿这个样子，以后咋个过哦……你们去没去过我们要去的邛崃南宝山哦？"我说："邛崃我去过，气候、出产都很好；南宝山没去过，但在邛崃地界上，想来也不会差的。你这孙儿以后学个啥子手艺，把他饿不着的。"

老人听了好像心安了一些。牵着孙子下山去了。

2009年5月6日　汶川县龙溪乡直台羌寨　罗金富、王清根婆孙

由于小四轮可开到直台，村民们房屋上的柱子、檩子、门板等木料便可变卖或送给山下的亲戚。虽然房屋上的木料已经拆走，但43岁的罗永香还是要好好砸一槽洋芋糍粑，让全家人临走时喝足吃饱。虽然锅碗瓢盆多已背下山去，但余义华、陈学忠，也要切一盘香肠，酌几杯白酒，和前来帮忙的亲友举杯围坐，吃好离别前最后的晚餐。

2009年5月5日　汶川县龙溪乡直台羌寨　余义华、陈学忠等六人

这是2009年5月7日，我在茫茫群山之上的直台羌寨拍下的最后两个镜头：陈玉香终于说服了她的婆婆和大家一起迁往邛崃。

现在，她怀抱一只公鸡，身背整个地球，离开了她生活了四十三年的祖屋。在她身后，是最后离别村寨的马群香母女。看见女儿从已空无一人的寨中走来，马群香停下脚步，抹一把离别的泪，向世代居住的直台羌寨投下最后一瞥。

2009年5月7日　汶川县龙溪乡直台羌寨　马群香母女

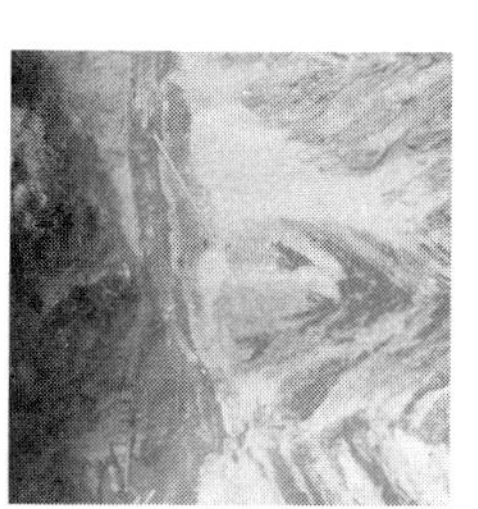

羌在深谷高山

QIANG PEOPLE:
LIVE BY THE MOUNTAINS,
LIVE IN THE VALLEYS

2008年5月31日上午，我和助手严木初乘坐成都军区陆航团的直升机，去拍摄震中映秀至理县段的岷江河谷。凌空俯瞰，那条我无数次经过的山路，那些我熟悉的桥梁、村庄、小镇所遭受的破坏，超出我的想象。

“5·12”汶川大地震已过去近二十天，从紫坪铺水库到映秀镇，再到汶川县城威州，曾经碧绿葱翠的逶迤山体，此时像一只只惨遭厄运的山野走兽，被剥去了光鲜的皮毛，露出惨白的骨肉俯卧在岷江两岸。

曾经车水马龙、川流不息的那条由成都通往汶川、九寨沟的柏油马路，被从山体上剥落的土石厚厚覆盖；许多车辆悬挂在公路与江水间的悬崖上或仰卧在乱石堆里。满目疮痍之中，我看见一处高山平台上还残留着一抹葱绿，一片绿树围绕着一块略为平整的耕地，耕地中闪耀着一块白色的，大概是用石灰或火灰书写的“救”字。

我无心再俯视眼底的伤痛，顺着“救”字，我把目光移向那片绿树边缘的村寨，移向深远的岷江峡谷，移向苍茫的西北天际。

我问自己：我今天坐上军用直升飞机，是为了拍摄山的伤痛、人的灾难吗？是想以一个特别的视角去占有一幅特别的画面，然后去向人炫耀吗？在眼底的这片高山深谷中，生活着离我们很近，我们却对其知之甚少的数十万羌人，他们何以坚韧地、一代复一代生活在这片艰险贫瘠的深谷高山？如此巨大的灾难之后，本就生活艰辛的高山羌人，他们正处于怎样的心灵状态和生活处境？

这个时刻，我的拍摄，不应该在千米高空盘旋啊！我应该虔诚恭敬地走进这一条条深谷，爬上这一座座高山，到古老羌寨的火塘边、田野里，去吮吸柴火燃烧、庄稼生长的气息；去倾听山野村民满怀憧憬或愁苦无奈的声音。

在凤凰山机场起飞前，陆航团余团长安排我乘坐邱光华驾驶的飞往理县的那架直升机，我正准备登机时他又改变了主意，他说：“趁现在光线好，你坐最早起飞的杨参谋这架吧！有几位明星：濮存昕、蒋雯丽、刘仪伟，你把他们放在映秀镇，给在那里接待的阿坝州领导介绍一下，然后去威州卸下救灾物资就回来。”

我们从汶川返回凤凰山机场不到两个小时，得知原定乘坐的那架飞往理县的直升机，在返航途中坠毁了。驾驶员邱光华，茂县老乡，几小时前还在机场和我一起对发生在家乡的这场大地震唏嘘感叹，没想到，他再也没有能够驾机飞回凤凰山。

不知不觉中，我和严木初躲过了一劫。生命无常啊！

也许，无常是宇宙间最根本的法则。不仅一位即将退役的羌族飞行员，每一个生命、每一个高山羌人忙碌或沉思、躁动或安守的身影，无不在一个巨大的背景下因缘聚散，刹那生灭。

这个以一场大地震、以岷江深谷、以西部大地、以千年中国历史构成的巨大背景，又在一个个羌人的映衬下，游走漂移。

离开凤凰山机场的那一刻，我就意识到，在接下来的一段时间里，我只有一件事可为，那就是走进岷江上游、湔江上游的深谷高山，以我对祖先、对故土的热情，以我手中的照相机将无常时空背景下“汶川大地震之后的高山羌人身影”定格成永恒。

时间，在它宁静舒缓的流淌中，总能把人类留下的种种建筑或生活器具涂抹得质地温润、色泽沉静；但如遇某种时空信息堵塞不畅时，时间又会以一种叫做“顷刻间”的方式，把自己耐心雕琢打磨的许多作品无情摧毁。

当无始无终的时间，流淌到公元2008年5月12日14时28分04秒时，岷江河谷、杂谷脑河谷的先人们留下的许多碉楼、烽火台、回音壁等古老作品，在这一时刻便被无情摧毁。是时间本身还是地球或人心的不良情绪，以时间作主持，为人类表演了一场惊心动魄、代价惨重，但又极具警醒意义的，名为“地震”的“行为艺术”。

理县桃坪羌寨68岁的王嘉俊老人说：眼前这方被大地震损毁的石壁，并非专家们所说的烽火台，它其实是同样用于报警的回音壁。美国西点军校的教材里，对这种古老军事报警设施都有记载。王嘉俊老人是我的影友，他上世纪60年代从威州师范学校毕业后，由于家庭成分的原因，没能像其他同学一样参加工作，而在家务农，但他依然喜爱文墨，也热爱摄影。近十来年，保留了古老建筑结构的桃坪羌寨成了旅游景观，不时会有举着小彩旗的旅行社团队蜂拥而来，或背着旅行包独自行走的游客不断光顾古老羌寨。如遇游客对羌寨的过往感兴趣，期望循着时间之河寻幽问秘，王嘉俊总是乐意与客人们一同走上山崖古道，一同追思、一同怀古、一同伤心感叹：古代的战争、现代的运动、眼下的贪欲，和大地震一样，对古老文化遗存不间断的毁坏。汶川大地震之后，王嘉俊把从废墟和村寨里收集到的各色土陶双耳罐、石斧、玉杵等古老器物集中起来，利用自家住房办起了“羌族文化博物馆”。他保护古老文化遗存的行为，得到了许多人的尊重。三年之后，他与妻子龙升玉一起，被“人民网”评为“2011年度全国十大责任公民”。

2010年4月　理县桃坪羌寨　王嘉俊

多少年来，山顶上的高音喇叭总是居高临下，向山下的桃坪羌寨发出各种通告、指令，播放各种噩耗或喜讯。但这一二十年来，断了线的高音喇叭失去了往日的神采，终年在烈日冷风中孤立山顶，静静地看着山下各种车辆来回穿梭，看着寨里各色游人逡巡穿行。汶川大地震使桃坪羌寨的许多新建楼房訇然坍塌，但陈家那两座具有几百年历史的古碉楼却只是顶部表层略有破损。

为什么一对孤立的古碉楼，历经1933年叠溪大地震、2008年汶川大地震两次大地震却岿然不动，而在其山脚只建了一两年的，同样是片石结构的那些三层楼房，却在地震中坍塌，这让从物理学、结构力学上去分析的那些文化人、知识分子百思不得其解。我说，是不是先前建碉楼和现在建楼房的建造者，他们对建筑的期望不同，在采石、运石、砌石整个过程中，给每一片石块释放、存储的信息有所不同的原因？知识分子们听了我的说法，一概嗤之以鼻。

以往，到桃坪羌寨的游客大都要到陈家碉楼参观，陈家也便有些接待收入。我大约十年前在碉楼上拍摄的一张光屁股小孩照片，也被陈家人放大装裱后挂在门外招徕游客。地震之后交通受阻，碉楼受伤，没有游客，碉楼的主人：50岁的陈朝文和他48岁的妻子杨育珍，终日愁闷不乐。2009年夏季，汶川大地震已过去一年多，交通渐已恢复，看到援建单位开始着手帮助他家修复受损的碉楼时，夫妻俩紧锁的眉头才渐渐舒展开来。

2009年6月 理县桃坪羌寨 陈朝文、杨育珍夫妇

萝卜寨是汶川县高山之上的一个古老村寨。几十户人家的土木结构房屋连成一个整体，这在高山羌寨中难得一见。在寨中穿行，狭窄的道路两旁，黄色土墙上均匀分布着各家各户古色古香的木门。每户木门上都张贴着春联和门神。上到屋顶，全寨房屋连成一大片平整的黄泥面，成为晾晒农作物绝好的晒场——这是1984年我在山下的阿坝师专读书时，星期天爬上山来看到的萝卜寨情景。

2008年8月，我再次来到萝卜寨，这里已是一片废墟。大地震已过去两个多月，许多村民仍在废墟中一声不响地挖掘、寻找着。我行走在废墟中，发现许多门框上残留的对联，都来自旧时的《增广贤文》：“易长易消山沟水，易反易覆小人心、“穷居闹市无人问，富在深山有远亲”、“路遥知马力，日久见人心”。一些村民在废墟中向我讲述了5月12日那天中午，阳光下的萝卜寨忽然间地动山摇、天昏地暗的情形。他们坚定地认为，萝卜寨是汶川大地震震感最强的地点。他们说，最可怕的是当时大地裂开了一条巨大的缝隙，一些猪、羊掉下去，那条巨大的缝隙又在剧烈的摇晃中合拢。

2009年7月我又一次来到萝卜寨，看见我们一年前启动的“羌绣帮扶计划”已在这里全面开展起来。在之后的两年间，帮扶中心有了自己的设计、运营团队，并在汶川、茂县、理县、松潘等县城、乡镇建立了三十二个帮扶点，负责绣片、针线等绣件的发放、回收，和绣娘工资的分发。至2010年年底，成都宽巷子24号院的“一针一线”刺绣产品销售馆开业时，“羌绣帮扶计划”已经使近万名高半山农村妇女和城镇低收入妇女参与其中，并通过羌绣技能培训学校，免费培训了八千多名农村妇女。

2009年7月　汶川县萝卜寨　绣娘与释比

在理县的蒲溪、汶川县的龙溪、茂县的曲谷等地，最能让人感受到受汉藏文化影响相对较小的羌文化特征。从汶川县威州镇往西至鹧鸪山脚下的杂谷脑河谷，曾是内地与边地文化交流、融汇的“文化走廊”，留存着禹迹、筹边楼、广柔古城、喇嘛庙等许多历史遗迹。这条河谷也是一处多民族共处的区域：理县县城杂谷脑镇往上，是嘉绒藏族的聚居区；杂谷脑镇往下的许多高半山，是羌族聚居区；河谷地带的薛城、通化等城镇，主要居住着汉族居民。

而这条河谷中段往南伸进的蒲溪沟内的羌人，无论从语言、服饰，还是形象气质方面，和周边居民都有着明显的区别。这是2009年3月，我来到理县蒲溪乡的休溪羌寨，见到的第一个场景：46岁的余明花手拿针线，头戴黑色头帕，腰系绣花围腰，身穿毛织无袖长褂，和本寨妇女们在初春的午后享受着熹微的春阳。大地震之后的伤痛与惊恐在余明花与村民们的脸上已渐渐褪去，整个休溪寨的灾后重建已经开始。

2009年3月　理县休溪寨　余明花

这是半年之后，我再次来到休溪羌寨见到的又一个场景：余明花19岁的女儿孟龙琼，身着漂亮的休溪绣花服饰，站在漫天飞雪之中，神情失落。

2009年农历十月初一日这天，原本要在休溪羌寨举行的羌年庆典由于一场罕见的大雪被迫取消了。这可是阿坝州精心筹划、准备多日的大地震之后首个大型羌历年庆典啊！可惜天公不作美，除了一些摄影者和年轻的羌族文化人，庆典活动邀请的各级领导和各类专家、名人，由于雪中山路危险都没有到来。孟龙琼和演员、村民们精心排练了一个多月的表演节目，现在失去了观众。

2009年农历十月初一　理县休溪寨　孟龙琼

从蒲溪沟羌人古朴的气质和服饰上看，总会让人觉得这条深沟在历史上鲜与外界交流。但当你在这里多停留几日并细心体察，就会发现：内地一些早已失传的历史传说、民间技艺、祭祀仪式、婚丧风俗，在这里的村民生活中仍保留和延续着。

大蒲溪寨40岁的余芸香身边的这几根石桅杆，其造型与内地的桅杆造型别无二致。对其来历现在已很少有人能说得清楚了。在毗邻这两根桅杆的一处家族墓地里，几根与此相似的石桅杆和石墓碑，同样高大精致。大蒲溪寨现在还普遍采用火葬，棺材的形状、漆色、饰纹与内地传统土葬的棺材大体相同。葬礼中，当柴火熊熊燃烧时，棺材会被砍开一个口子，以免发生爆裂。火焰熄灭，骨灰便撒在各自的家族墓地中。

2010年4月　理县大蒲溪寨　余芸香

白空寺曾是理县西山周围香火最旺盛的寺庙。相传西山羌人的先祖是来自黄河上游唐克草地的三兄弟——大哥白西西、二哥白拉拉、三哥白哈哈。许多年之后，已成为传说的三兄弟突然显灵，托梦给水田寨的一位老人：我们三兄弟化作三块白石住在福堂坝，请把我们背回西山供奉。老人依梦寻去，果然在福堂坝找到了三块状如人形的白石，老人身背白石回西山，一路快走，感觉轻如无物。回到西山，白氏三兄弟又托梦给本地名宿——曾头寨的周师爷，托周师爷主持安顿白石化身。周师爷曾在峨眉山皈依受戒，自然懂得采神地、堪风水。几年后，西山周围各寨羌人齐心协力，在西山之巅建起了白空寺，主供大哥白西西，尊称白空老祖；在曾头寨建起了铁林寺，主供二哥白拉拉，尊称铁山老祖；在东山之巅建起了天元寺，主供三哥白哈哈，尊称天元老祖。从此，三座寺庙名扬理县、汶川、茂县广大地区。特别是西山之巅的白空寺香火最盛，各地朝觐者络绎不绝。可惜三座寺庙在上世纪60年代已被一一毁坏了。

先前，每逢农历四月白空寺举行庙会时，西山羌人总要从唐克草地牵一头牦牛回来放生，作为对白空老祖的供养。每年庙会期间，必有一件奇事发生：参加庙会的某一人，准会被白空老祖通灵附体。通灵者手拿悬于屋顶的十二斤重、七八米长的麻鞭，在寺内挥舞自如，专打那些做了坏事又不及时忏悔的人。

2009年秋末的一天，我和西山的朱万香等几位香客，到白空寺敬香，朱万香说：“去年汶川大地震时，正是白空寺庙会期间，当时大家都感觉到了许多预兆、许多提醒，所以这里没有人伤亡。”

2009年秋末　理县西山白空寺　朱万香等香客

2008年11月，我来到理县通化山上的汶山寨禹王庙。废墟中没见到寺庙的主人——治水英雄大禹，只见慈眉善眼的观世音菩萨和满面愁容的玉皇大帝还在不懈地支撑着一段残墙。因汉代杨雄在《蜀王本纪》中有“禹本汶山郡广柔县人，生于石纽……”这样的记载，所以，原在汶山郡治下的各县县城附近山崖上，都刻有“石纽”、“禹迹”等字样，并建有禹王宫、禹王庙。如理县老县城通化、汶川老县城绵虒、北川老县城石泉，即是如此。

通化原县府衙门有一副对联：里名通化通教化，邑号广柔广招柔。汉代在通化曾设广柔县，后更名为通化。通化山上汶山寨的“石纽”二字，刻于禹王庙下方的一处绝壁之上，岩石上青苔丛生，字迹已有些模糊。我、严木初、王嘉俊老师和汶山寨村长四人瞻仰了“石纽”，祭拜了禹王庙之后，在白雪覆盖的林间山路下行不远，突然看见一只野猪被林中的铁索套住，奋力挣扎。我赶忙跑向停在不远处的越野车去取一把长刀，准备砍断铁索解救野猪，等我气喘吁吁跑回时，发现野猪已被村长一阵乱棒打杀。村长见我有些伤心，还不停地念经，便过来开导我：“今天我们在山上烧了香、供了食物、放了鞭炮，山神领情了，这头野猪是山神回赠我们的礼物。”

2008年11月　理县汶山寨禹王宫　观音菩萨与玉皇大帝

2008年5月12日这天下午2时28分，理县通化乡卡子村75岁的杨国正老人正在这座钢索木板桥上赶羊，一阵突如其来的剧烈摇晃将他从桥上抛入河中，作为桥墩的巨石为他挡住了铺天盖地的飞石和泥土。等弥漫整个山谷的飞石尘埃逐渐散去之后，他才发现自己并没有被乱石砸死被烟尘呛死，死掉的只是他的两头牛和几只羊。

地震之后，杨国正老人和他的牛羊有好一段时间不敢过这座索桥。随着时日的增长，和所有经历大地震的人畜一样，老人和他的牛羊，把当时的情形、对地震的畏惧也就渐渐淡忘了。

2009年6月　理县通化乡卡子村　杨国正

川西北民间有句话叫“鳌鱼眨眼地翻身”，认为地球是被一条巨大的鳌鱼支撑着的，如果鳌鱼的心里或身体哪儿不舒服，眨眨眼，地震就发生了。为了不让鳌鱼眨眼地翻身，茂县三龙乡合心坝村的村民们邀请了一位神女，坐在鳌鱼背上压住鳌鱼；安排了一名壮汉，手握绳索牵着鳌鱼。但2008年5月12日这天，神女和壮汉也许稍一走神，鳌鱼便趁机眨了眨眼，大地也因此翻了个身。

就是鳌鱼的这一眨眼，让66岁的杨正贵和他的妻子杨有富和许多人一样，领略到了什么叫天崩地裂、九死一生。

从经历地震的汶川县雁门乡回到老家合心坝，夫妻俩首先便来祭拜观音庙和庙旁的神女镇鳌鱼。夫妇俩坚定地认为这次大地震并非无缘无故，并非和我们日常的所作所为没有关联。两人相信“一切法从心想生”，相信万事皆有因果。为了证明自己的观点，夫妻俩向我讲述了他们亲眼所见，就发生在观音庙前的一段故事：

1958年农历六月十九观音会这天，本村“大跃进”运动的青年积极分子张天全（小名火生）带人冲进观音庙，把观音菩萨塑像打翻在地并抛下山崖，自己还穿上从菩萨身上撕下的红衣嬉笑怒骂。到了第二年农历六月十九这天，村民们正在观音庙前山崖下的玉米地里除草，忽然有人发现一只形如豹子、通体红毛的走兽在观音庙附近的青杆林中行走。火生见了豹形红兽，说声“豹子腰杆麻腰杆”，便操起一把锄头追打上去。追到观音庙前，红兽突然回身迎上前来抱起火生，前肢一展将火生扔下山崖。众人跑到崖下看时，火生已仰面暴亡。

2009年6月　茂县三龙合心坝观音庙　杨正贵、杨有富夫妇

合心坝漫山遍野灿烂盛开的野花，给50岁的养蜂人杨松富提供了绝好的放蜂条件。2009年深秋的一天，我来到合心坝杨松富家品尝蜂蜜。听我说蜂蜜中有淡淡的薄荷味，杨松富很是得意，他说：“我养的都是中华蜂，蜂巢放在合心坝的中药养殖基地，那些蜜蜂采的都是薄荷、柴胡、当归、天麻等各类名贵中药的精华，你走遍世界都很难买到这么珍贵的蜂蜜。”

秋风萧瑟之际，百花渐渐枯萎，杨松富取出最后一批蜂蜜后，在蜂巢中留下了足够蜜蜂们越冬的底蜜。但就在我从合心坝下山走到小河坝时，发现数千只蜜蜂嗡嗡而聚，黑压压地嗡鸣盘旋大约十多分钟后，蜂阵突然裹成一个圆球翻滚一转，径直投入湍急的河流，硕大的蜂球被翻滚的波浪迅速吞没。附近的一位老人走过来对我说，养蜂人是一个“下坝子”，取完了蜂巢中最后的蜜，包了一辆大货车，拉着几十箱蜂蜜回成都坝子去了。辛勤了整个春夏的蜜蜂们没有一点越冬的食物，只得抱团投河自尽了……

2009年10月　茂县三龙合心坝　杨松富

茂县黑虎寨，是民风最为强悍的高山羌寨之一。寨子坐落在一处悬崖顶端的山脊之上。从其地形和密集排列在山脊的碉楼来看，关于黑虎将军勇猛善战的传说定非虚构。传说，黑虎各寨先前备受周边匪徒和地方势力的欺凌、抢掠，后来羌寨出了一位黑虎将军，他勇猛善战，带领各寨羌民开荒拓地、修筑碉楼，击退了一次次前来抢夺侵扰的乌合匪徒、地方武装和官府兵勇。岷江上游的高山羌寨物产资源贫乏，各寨势力对耕地资源、水资源、森林资源、牲畜资源的争夺十分激烈。我在阅读台湾学者王明珂的《羌在汉藏之间》关于“民族认同与区分”的章节中，有关物产资源的争夺与守护的论述、描写时，便立即联想到了黑虎寨的山形地势和那些英勇悲壮的历史故事。

2009年夏天，我又一次来到了高山之上的黑虎寨，除了目睹先前用于争战，现在成为旅游景观的一座座高大石碉外，还发现了散落在荒山野地里的川主庙、土主庙、龙王庙、马王庙、黑虎将军庙等遗迹。我伫立在散落野地的寺庙遗迹之中静默遥想：那位带领羌人抵御侵扰和强权的黑虎将军，在无数次争战之后，一定是渴望过上安宁的生活了。在他之后的黑虎后人也一定更渴望能得到各类神灵和英雄祖先永远的护佑！

有人说，黑虎寨妇女头戴的白色头帕称为“千年孝”，就是为了世代怀念黑虎将军这位英雄祖先。

2009年夏天　茂县黑虎寨　妇女

茂县永和乡腊普村一位老人去世了。在七日的丧葬期间，全村男女身穿白色长衫，齐聚死者家里和就近搭起的木棚内，一同制作祭品、一同烧火做饭、一同招待客人、一同在释比的引领下跳神超度、唱经祈祷……

看起来，这不是哭哭啼啼的葬礼，而是全寨人聚集一处的一次热热闹闹的送行仪式，送别一个刚刚逝去又即将再生的生命。这样的丧葬仪式所呈现的氛围，与我经常往返的高原藏地、成都平原都有些不同。草原牧民在亲人临终时刻，会尽量穿戴整洁，请来僧人诵经超度，尽量避免由于触碰亲人的身体，或过分的悲伤痛哭，惊扰即将往生的神识。草原上多采用天葬和水葬，把尸体回馈给苍鹰、鱼类等众生。在亲人死后的七七四十九天内，如家境不是很困难，大多数人家都会请僧人来家里或在寺院为逝去的亲人超度诵经。

而成都这样的现代都市，大多数病人在临终之际，都是鼻孔、四肢、周身插满针头线管，医生和亲人在“抢救”的名目下，采用各种手段，对其百般折腾。许多人在死亡二十四小时之内，遗体便被亲人们挪动搬运，甚至送往火葬场火化。他们不知道心脏停止跳动之后，大脑尚未即刻死亡，周身的许多神经此时更加敏感。他们更不相信神识和中阴身此时需要安静、帮助和导引。即便在三五日的停丧期间，也不见诵经超度，放生回向。却见灵堂之内，各路前来致哀的亲朋吃喝谈笑、麻将声声。

2009年7月　茂县永和乡腊普村　村民

茂县维城的四洼羌寨紧邻理县和黑水县的嘉绒藏族村寨。2009年11月16日，农历九月三十清晨，四瓦村妇女陈二什子的葬礼是按当地风俗火葬的。在火葬之前的那个晚上，我见识了一场别样的超度仪式：一百多名本寨村民和死者亲友，围坐在一座巨大的烛台周围，分男女两组，以多声部方式唱诵“嘛呢”。“唵嘛呢叭咪吽……”数十人一组的女声汇成的声浪，摇曳烛火，穿透木屋，飘向夜空，随即，一波浑厚的男声又紧随其后。在此起彼伏的“嘛呢”声浪中，我看见温暖的烛光，在每一个唱诵者的脸庞摇曳闪烁。我感到水流一般连绵不绝的唱音，将整个木屋、整个山寨，托向了无际的虚空。

这让我想起之前两个月，在松潘县小姓乡的大尔边村，在好友杨茂林母亲去世后的“七七”超度仪式上，也听过多声部唱诵。但小姓乡的龙头寺，属苯波教寺庙，所以当时唱诵的不是“嘛呢”，而是“嘛智”：“唵嘛智吗咿萨喃得……”

2009年11月16日　茂县维城乡四洼羌寨　陈二什子的亲属

陈二什子生前热情好客、能歌善舞，婚礼中的格叶、葬礼中的勒尔、挽留客人的耶洛莫都唱得很好。所以四瓦村民和各寨亲朋都冒着漫天飞雪，带着麻饼前来参加她的葬礼。

高山上的维城羌寨在操办丧事时，有一种叫做“砣子会”的风俗，前来奔丧的亲人都要送来麻饼，各家麻饼会一处，在火葬之后的筵席中分发给各路参加葬礼的村民和亲友。

飞雪落定，生命往生。小女儿手捧母亲陈二什子的遗像，站在路口，向各寨前来参加“砣子会”的亲友一一致谢。

2009年11月16日　茂县维城乡四洼羌寨　陈二什子的小女儿

2009年农历十月初一，纷纷扬扬的雪花飘洒了整整一昼夜，绵绵实实地覆盖了高山之上的四洼羌寨。瑞雪兆丰年，这正是一年一度被高山羌人称为过小年的“牛王会”。这天，47岁的王辉全和他41岁的妻子陈秀姐，一大早就提着一桶面食去犒劳自家的耕牛。

先前，岷江上游的广大羌族地区，把农历十月初一“牛王会”和春节视为一年当中最为重要的节日。这一天，山民们宰杀公鸡，祭拜牛王菩萨；烹饪美食，犒劳自家耕牛，感恩耕牛一年来的耕作辛劳。许多人还会在这一天细心梳理耕牛的皮毛，用土猪油擦拭耕牛的双角。一些羌寨在某些年份，还会在这一天举行庄严而隆重的“祭山还大愿”仪式，在丰收时节感恩山川大地对人类无私的养育。

根据古太阳历（现农历为太阴历）一年十个月纪年法，结合羌人农历十月初一“牛王会”、“还大愿”节日，1988年，阿坝藏族羌族自治州将每年农历十月初一这天确定为法定节日——“羌历年”。2008年，“羌历年”被列入《国家级非物质文化遗产名录》。

2009年农历十月初一　茂县维城乡四洼羌寨　王辉全、陈秀姐夫妇

现在，岷江上游的羌族村寨和中国广大农村一样，中年妇女成了每个家庭的顶梁柱。许多家庭由于丈夫、子女外出打工，种庄稼、做家务、照顾老人小孩等所有家庭重担都落到了她们身上。四瓦村上房组的王秀华（王辉全的妹妹），喂猪、喂鸡、放牛、放羊、砍柴、割草、烧茶、煮饭……家里的各种杂活，她都得做。

我们在2008年7月发起的“羌绣帮扶计划”，在汶川、茂县、理县的羌寨和城镇普及展开之后，得到了各级政府部门的热情支持。大家发现，这个计划的作用和意义，除了发起之初的“保护非物质文化遗产羌绣、解决灾区妇女就业、重塑灾民自信、形成可持续发展的文化产业”这四条外，现在还对各级政府十分重视的“维稳”等方面起到了意想不到的作用。

高山或城镇低收入家庭，如果家里的妇女能在农闲时节或劳作之余，有一项针线刺绣活计，每月有几十、几百甚至一两千元的收入，家里的日常开支便有了着落，家庭主妇便不再需要外出打工，地里的庄稼、家里的老人、上学的孩子都有了人照顾。于是，每当领导前来视察时，总会适时地对“羌绣帮扶计划”的作用和意义给予新的定位。

2009年农历十月初一　茂县四洼羌寨　王秀华

大地震震垮了山寨不少房屋，但对荞麦和粮架仿佛并未造成什么伤害。晨雾氤氲中，大寨子仿佛又回归了往日的宁静。

2009年10月　茂县雅都乡大寨子　村民

2009年9月，高山之上的茂县雅都乡大寨子村。村民们边收割地里的玉米，边对在大地震中受损的房屋进行维修。从山下的雅都乡政府到高山上的大寨子，越野车在嗷嗷嗷的喘气声中耗费了很大力气才爬到村委会门口那块平地。大寨子看似高居云端，但在其东面，一堵青色岩石构成的山体，更加高耸突兀地横亘在大寨子的面前。其陡峭险峻的山势和质感坚硬的岩体，将土质肥厚、木楼古朴的古寨衬托得如女性般温柔可亲。我和助手严木初提着相机，在寨子里信步漫游，感受着古老村寨的外貌和内心。在慵懒的阳光下，大寨子安静地等待着新的变化。村委会门前的各类招牌、标语，在过去的几十年间不断花样翻新，在大地震之后的重建当中，在今后不断流逝的光阴里，不知还会发生怎样的变化。但用藏文书写的“嘛呢”，用汉文手书的春联，用铁皮印制的标牌，用白石镶嵌的古老图案……在今后的岁月里，想来再也不会这样亲密地团聚在一户人家的门楣上了。

2009年9月　茂县雅都乡大寨子　村民

大寨子人把电视卫星信号接收器叫作“锅盖”。自从这顶锅盖走县过乡、翻山越岭来到高山之上的大寨子，并在这片杉板铺就的屋顶站稳脚跟之后，便开始向这个古老的高山村寨传递着各种让人眼花缭乱、应接不暇的现代信息。

世代生活在高山羌寨的山民们很快觉察到，古老敦厚的大寨子像一位忠厚持家的母亲，温良恭俭、勤劳善良；而屋顶上的这顶白色锅盖看上去圆润婉转、粉面朝天，但当你和它有了亲密接触之后，会很快发现，它其实是一位举止文雅，却秋波暗送的性感闷骚美女，在不经意间就使古老宁静的大寨子兴奋躁动起来。在“锅盖美女”潜移默化的影响下，一年之后，寨子里的大部分年轻人，纷纷离开自己“勤劳善良的母亲”，去寻找“充满诱惑的美女”去了。但像58岁的老村支书王天才这样的中老年人，还是愿意留守在古老村寨，在自己山寨母亲慈祥的目光里，日出而作，日落而息。

2009年9月　茂县雅都乡大寨子　村支书王天才

26岁的陈荣秀，是几个月前才从茂县雅都嫁到曲谷乡河西村的，她的这身穿戴是夫家祖上传下的传统曲谷服饰。这样的传统服饰在曲谷各寨已很难见到了。曲谷乡分河东、河西、河坝、色尔窝、二不寨等五寨；河西又分西湖、连瓦、洛俄、撮尔四寨。曲谷乡深处西北藏文化板块与东南汉文化板块之间的深山之中，是整个羌人居住区受汉藏文化影响相对较小的区域。1990年四川省民族事务委员会在开展羌族拼音文字创制工作时，羌文创制小组在考察研究南北羌语形态之后，确定了羌文的创制，以茂县曲谷话为标准音。

2009年7月　茂县曲谷乡河西村　陈荣秀

大地震使曲谷乡河西羌寨的这座古老碉楼及其拱围在高碉四周的楼房遭到严重损毁，碉内墙壁上的那些古老壁画随着碉楼的塌陷和开裂，变成了一堆堆色彩斑斓的碎片和灰烬。但碉楼四周田野里的玉米、南瓜以及各种不知名的杂草，对人类的重大灾难并不十分理会，和往年一样在春雾涌起的季节，依然扬花吐蕊、一派生机。

33岁的桃殷家住古碉楼旁边，在回家的路上，她随手采一颗南瓜给女儿炒菜去了。

2009年7月　茂县曲谷乡河西村　桃殷

2008年12月，源于茂县曲谷乡河西村西湖寨的“瓦尔俄足”被列入了《四川省非物质文化遗产名录》。

传说，从前西湖寨有一位青年猎人叫克波，有一天他带着猎狗上山打猎，在路上捡到了一只三寸金莲绣花鞋。这时，森林中飘来缕缕美妙的歌声，克波循着歌声来到湖边，看见一位美丽的姑娘正在湖中沐浴……

克波把姑娘带回家，两人一起放牧耕种、生儿育女。克波仙女般的妻子有着百灵鸟般的嗓音，她每天面对大山，面对飞鸟快乐歌唱，克波和寨子里的姑娘们也跟她学会了《竹科斯满》、《朗吧朗吧》、《右米热姐》等几十首好听的歌。那时的西湖寨，每一处山林、每一片田野都浸润在美妙的歌声之中。

多年后，梦一般飘来的妻子又如梦一般逝去了。克波在西湖山顶捡到绣花鞋的湖边建起了一座石塔，取名：而给米卓（羌语：汉人或平坝人的后代），现在大家都叫：奶奶塔。过了几年，老年克波在深深的思念中追随妻子去了，他们的后代在山顶的湖边又建起了一座怀念克波的石塔，取名：吁霍斯，现在大家都叫：爷爷塔。

为纪念有着如此奇妙姻缘并留下美妙歌谣的祖先，每年农历五月初三，河西村的撮尔、洛俄、连瓦、西湖四寨妇女，都要沐浴更衣，相约结队前往西湖山顶的奶奶塔“领歌”。各寨妇女在奶奶塔前燃香领歌之后，每人采一朵野花在手，从蜿蜒曲折的山道，一路载歌载舞回到本寨，将领回的歌传送到寨中各户。在之后的初四，特别是初五这天，河西四寨便沉浸在了“瓦尔俄足”（羌语：五月初五）咂酒与歌舞的狂欢之中。

这是2009年7月我来到西湖寨时，村中的几位妇女给我讲述的关于“瓦尔俄足”的传说。在此之前的6月27至29日，茂县政府刚刚在县城举办了一次规模盛大的“瓦尔俄足节”。来自全县各乡镇一千多名羌族妇女身着各自传统绣花服饰齐聚县城，敬神、领歌、萨朗（舞蹈），外加选美，西湖寨的“瓦尔俄足”在高楼林立的茂县县城凤仪镇得到了再现和发挥，好不热闹。

看见“瓦尔俄足”节已经成功申报省级“非物质文化遗产”，县政府将其作为全县妇女参与的节日，一些羌族文化热心人备受鼓舞，争相给“瓦尔俄足”赋予更好听的名字：“仙歌节”、“羌族妇女节”，并加紧整理资料，向世界妇女大会提出申请，申请将源于曲谷乡西湖寨的“瓦尔俄足”确立为世界性的女性节日。

河西四寨在农历五月初五，以咂酒、歌舞欢庆的“瓦尔俄足”，妇女们是主角，所以我们在网络或其他媒体上常会读到“瓦尔俄足意为仙歌节、羌族妇女节”这样的描写。而山下的河坝村娃娃寨，在正月初五以宰牲祭山为主题的“基俄苴”，则完全是男人们唱主角，我们在网络或报刊上会看到这样的文字：俄苴节，又名羌寨狩猎节，男子节。

关于“基俄苴”（羌语：基，正月；俄苴：初五）的来源，也有一段传说。传说河坝村娃娃寨一户人家有三兄弟，大哥耸木基、二哥基格尼、三哥洪木基。三兄弟长大成人该成家立业的时候，大哥耸木基说：“我喜欢暖和，我去阳面山坡建房居住吧，好天天烤太阳！”二哥基格尼说：“我喜欢种地，我力气大，能把日阿尔寨的巨石从地里搬开，好在那里天天种庄稼、晒玉米（他搬动的一块巨石上，可晒九斗玉米）！”三哥洪木基说：“我喜欢打猎，我家在三座山交汇口，适合上山打猎，我就留在家里打猎为生，奉养父母吧！”

几年后，洪木基做头索、下脚套、设弓镖、弹弩、射箭等各种猎杀动物的本领已达炉火纯青，他每次上山必定满载而归。有一天，洪木基正在林中捡柴准备做饭，忽然发现一群猴子直立行走着向自己靠近，他惊诧不已，慌忙拉弓引箭，向领头的那只高大公

2009年7月　茂县曲谷乡娃娃寨　男子

猴射去，大公猴在一声嘶哑的惨叫声中扑倒在地。他迅速取箭引弓，准备射出第二支箭时，看见一只母猴放下怀中的小猴，哇哇哀叫着向他竖起大拇指，接着又指指小猴，指指自己的乳房，拍拍自己的胸脯。仿佛在向猎人哀求：等我给小猴喂一口奶之后，你再射杀我吧！

母猴喂饱了小猴，把小猴轻放在地，然后拍打着胸脯立在洪木基面前。洪木基看见母猴的脸上，掠过一丝凄美的笑意。

洪木基收起弓箭，返身向山下走去。许多年来他第一次空手下山，这一晚他彻夜未眠。

从此，洪木基雪藏了弓箭，开始新的生活。他削竹编篓，采集野果；凿木成巢，养蜂采蜜；造车纺线，织布制衣；钻管成笛，吹奏心曲。他想让大家明白：天神阿巴思博大丰厚的赐予足以让人类丰衣足食，如果对天神派往人间的百鸟群兽杀戮过多、贪得无厌，定会激怒天神、山神，遭到报应。每年正月初五，洪木基便带领寨中男子，到山脚下的石塔前宰牲祭山，表达对天神阿巴思的感恩、敬畏，也祈望天神、山神在新的一年里，保佑众人平安吉祥，并给予丰厚的赐予。

2009年7月　茂县曲谷乡娃娃寨　俄苴节

正月初五的早上，寨中男子来到山脚下的石塔前，燃起一堆柴火，让心愿随袅袅青烟飘向天空。众人站在塔前，献上香蜡、白酒、刀头（一块猪颈肥膘），在一名老者引领下举行开山祭祀。

大家向天神、山神感恩祈愿之后，主持祭仪的长者随即为小伙子们焚香祈福，为寨中十六岁左右的男孩举行成人仪式：老者从刀头上抠下一块膘油，抹在成年男孩的额头，再向其授予弓箭。小男孩得了弓箭之后，从此便是一名独当一面的男子汉了。

飘落了一夜的雪花，使新年的“俄苴祭山”显得庄严而圣洁。已经是早上9点，太阳还没有翻越东边的山顶来到河坝。小伙子们把从各自家中带来的野猪、老熊、獐子、麂子等“野兽馍馍”，一字形摆放在一块木板上，然后退后二十步站定，拉弓引箭向这些或憨态可掬或怒目圆睁的麦面野兽们发起轮番攻击。每当有人射中一只“老熊”或一头“野猪”，众人便齐声欢呼：“咋霍视！”待这群“野兽”纷纷中箭毙命之后，这些亡命于利箭的身躯，就成了射手们的战利品，被带回家中与家人快乐分享。

这是2010年春节正月初五，我在茂县曲谷乡河坝村娃娃寨见到的俄苴节的情形。我看见，“猎人”们射击麦面野兽的弓箭，和我七八岁时玩耍的玩具差不多，但整个节日呈现的气氛，却轻松而隆重。沉浸在俄苴节快乐而热烈气氛中的，除了河坝各寨的男人们之外，还有从成都、北川、茂县等地赶来的专家、学者和曲谷乡的领导们。大地震之后，无论是专家学者、政府领导，还是山寨村民，大家都为世风日下、唯利是图的现实风气忧心忡忡，对“瓦尔俄足”、“基俄苴”这样的传统节日，开始怀念起来。大家期望通过对传统节日和风俗的恢复，把世人，特别是年轻人亲近自然、珍爱生命的情感慢慢激活；把敬畏造化、感恩养育的心渐渐唤醒。

2010年农历正月初五　茂县曲谷乡娃娃寨　各色人等

茂县永和乡腊普村白家的几间楼房，是围绕着这座八角碉楼修建的。高大的八角石碉在几间木房拱卫下，显得十分气派。多少年来，但凡进入腊普深沟的外来者，远远望见雄踞山寨中央的碉楼，必定心生几分敬畏。高大精巧的八角石碉，自然也成为白氏家族数百年来的荣耀。

在69岁的白福英幼年的记忆里，白家人早先说起自家碉楼，总是“脖子一硬，胸口一挺”，得意之情溢于言表。但这三四十年来，关于碉楼的故事，在白家人每日的言谈中，已然渐渐淡去。以致后来，八角碉楼在白家人的眼里完全就成了一堆废物。当10岁的孙女白祥云出生时，家里修房、铺路、砌猪圈，也懒得去山上采石，拆碉楼就成了最省事的办法。现在五层碉楼已拆掉三层，远远望去，半截残碉如一根被炸雷或大风齐腰劈断的枯树桩，兀立在腊普羌寨中央。

与其他公路沿线或平坝村寨相比，阳面山坡上的腊普寨目前还大体保留着先前的格局，所以灾后重建中村长龙明杰很想花点精力恢复古村旧貌，好发展民俗生态旅游，给村民增加收入。当龙村长把保留、恢复古寨风貌，发展民俗旅游的设想提出来后，全寨人对先前拆碉之类的做法开始后悔起来。

2009年7月　茂县永和乡腊普村　白福英、白祥云祖孙

腊普村74岁的朱永章，自幼跟随一位流落永和沟的奇人学医，后又随其学会雪山令、抓红石、舔红铧等绝技。朱永章的儿子前日骑摩托车摔下河受了惊吓，回家半月，终日有气无力，虚汗不止，中药西药吃了一大堆也不见效。相信科学的儿媳和两个孙女没办法，只有同意老人家施展“揭汗”绝技了。在依次拜过各方神灵、祖师之后，朱永章赤手抓起在火塘中烧红的铁铧，将舌头伸向烧得紫红的铧尖，一阵噼啦之声中，一股青烟从烧红的铧尖急速飘起，接着，他将整个铁铧径直放入儿子裆下盛满清水的盆中。霎时间一阵更为浓烈的水雾猛然窜起，瞬间包裹了病人的整个身体。儿子喝碗酸菜热汤闭目静坐了一会，说自己周身轻松了不少。

2009年7月　茂县永和乡腊普村　朱永章全家

腊普寨妇女们背水、背粪、背建房用的沙土和水泥都喜欢用自制的木桶。2009年7月，正是村民们忙于灾后重建的时节。来到山寨，我看见背沙建房的人群中多是头裹白色头巾的妇女，很少看见有男人身背木桶参加劳动。在村口碰到36岁的罗康林，虽然一副赤膊大干的样子，但他并不负重，而是把装满沙土的一对木桶交给一匹身形矮小的红马去承受。

2009年7月　茂县永和乡腊普村　罗康林

1933年，距汶川不远处的茂县叠溪镇同样遭遇了一场特大地震。那是1933年8月25日15时50分，茂县与松潘之间被称为蚕陵重镇的叠溪城，在一场7.5级的大地震中被彻底摧毁。据说，在那次天翻地覆的震荡中，一位正在山坡午睡的放牛娃，睡梦中从西面山坡被抛到了东面山坡，居然毫发未损。他成了整个叠溪古城的唯一幸存者。现在，从成都去九寨沟的路上我们看到的叠溪海子，就是那次大地震中两座巨大山体崩塌、河道被阻塞后形成的堰塞湖。曾经人马喧腾的叠溪古城，从此深睡水底。

几十年之后，叠溪镇的村民们在山野间放羊或割草时，偶尔还能在草丛中发现一方石拱城门、一段灰砖残墙，或一些诸如石缸、石碾之类的古城遗物。说来也怪，叠溪往南仅几公里处的石大关，曾经也是松茂古道上的一处古镇，但这里的一座造型精巧并配有龙凤石雕的石拱桥，经过两次大地震和百年风雨之后，如今外形虽显苍老，但其筋骨依然健壮硬朗。

2010年10月　茂县石大关　村民

排山营村坐落在叠溪大地震山体挤压形成的一处凸凹不平的山地之上。从村头向北望去，那嶙峋嵯峨的群峰下，便是深埋蚕陵古城的叠溪海子。村头东面山坡有一段山脊，从村中仰望，活像一条蜿蜒起舞的青龙。排山营村居于高山，水源稀缺，村民耕种收成自是靠天吃饭。所以每遇春夏久旱无雨，庄稼蔫萎，村民们唯一的办法就是求助于山坡上的那条神龙。大家用木杆、竹片、干草扎成一条草龙作为神龙的化身。草龙出行求雨时，大家也用木棒扎成一个轿子，找一条相貌端正、脾气温和的狗儿端坐其上，并跟随草龙奔跑起舞。

许多年来，每当排山营的小伙子们抬着狗儿舞着草龙，在村寨四周奔跑一圈，全村男女老幼端着锅碗瓢盆，向草龙泼水吆喝一番之后，整个叠溪一带总会随即下起一场大雨，使垂头丧气的玉米、小麦、瓜果都立时精神起来。

2010年7月　茂县叠溪乡排山营村　村民草龙求雨

十多年前，通往松潘的公路改道，要经过排山营上首的青龙山，当民工们挖到青龙山下的那一段山岩时便不断出现事故，死伤了好几个民工。岩石坚硬，工程进度缓慢，又接连死人，承包这段工程的包工头无计可施。后来，村里的几位老人怕继续死人，就把包工头叫来向他面授机宜。包工头赶忙备了香蜡、纸钱、刀头、白酒，按所受“机宜”到岩下许愿、叩头。

第二天早上一声炮响，巨大坚硬的石壁訇然中开，碎石落定，烟尘散去，岩石中果然藏有一条蜿蜒升腾的大龙和十多条小龙。众人赶紧跪下叩头作揖。包工头按先前许愿，在岩下立起一块老龙神位。

之后，常有人到老龙神位前去焚香、祭拜、挂红。这些人中有排山营的村民，也有开车过路的各地司机。

2010年7月　茂县叠溪乡排山营村　老龙神位

在岷江上游的城镇与村寨间自由拍摄、行走的这几年我发现，中国传统文化与西方工业文明产品中，对现代中国人生活影响最深的恐怕非麻将与电视机莫属。这两样东西很厉害，它能让城镇和高山深谷间的人们渐渐淡漠人与天地万物的关系，渐渐失去对高天厚土的冥想与感应。2009年6月15日，茂县羌学会的一群传统风俗眷恋者，在茂县政府的支持下，在松坪沟岩窝村组织了一次传统祭山会。他们想做一件大事，想让这些彪悍的深山羌人和外来观光客们逐渐恢复感应造化、感恩山河的能力。

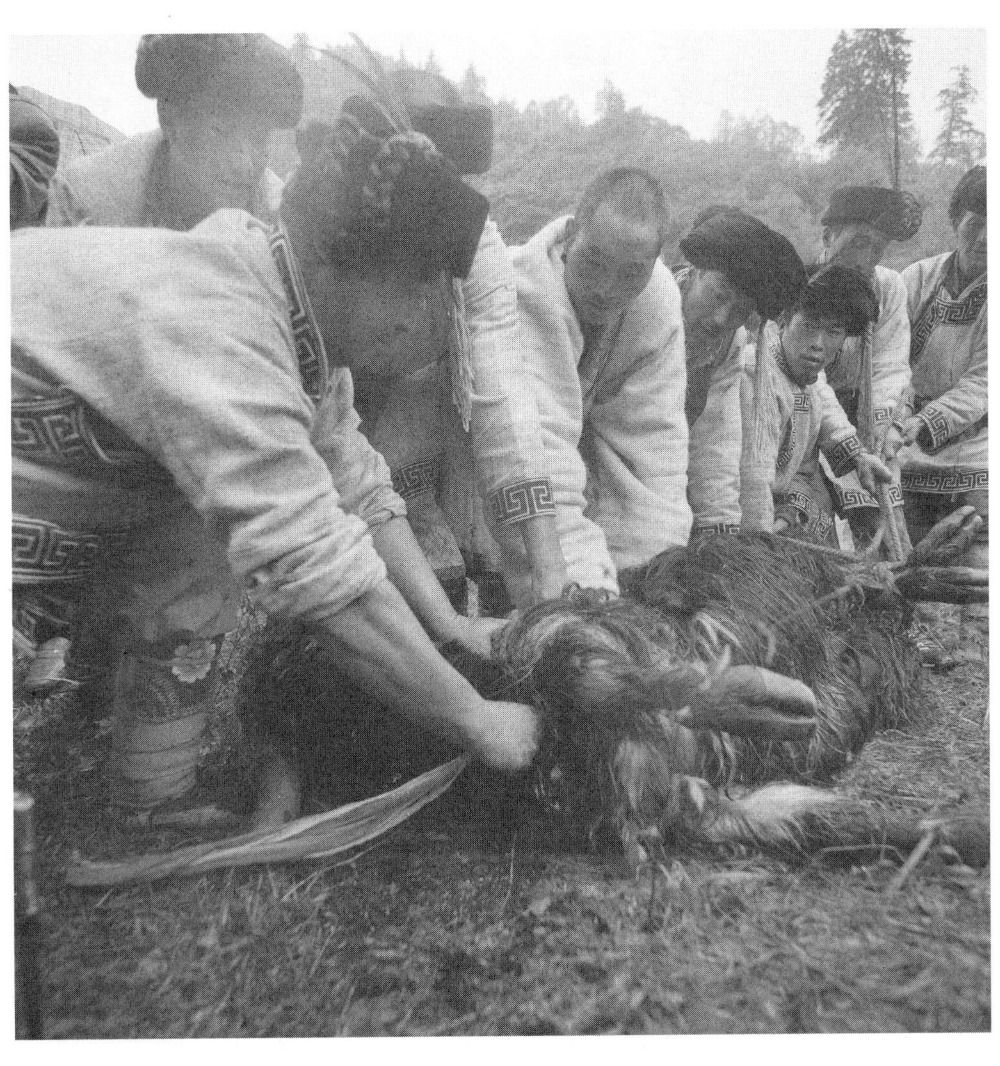

2009年6月15日　茂县松坪沟乡岩窝村　壮汉一群

松潘县镇坪乡双泉村，与相邻的茂县牛尾巴、树底等羌寨，每年农历六月十五，都要举行“上顶”仪式。全村成年男子每人手持一根木杆，木杆顶端系上香柏枝条，日出之前结队前往山顶。

阳光初露，大家在山顶聚齐，围绕着一座石塔举行祭山仪式。众人将木杆插好，然后取出怀中的香蜡、刀头、白酒、月亮馍馍、太阳馍馍，献于石塔下的祭台，在一位老者的引领下焚香作揖，祭拜天神、山神。寨中当年如有人家生有男孩，这家人便会在祭祀塔的附近用石块垒一座一人多高的小塔。多年以来，随着一个接一个男婴在山寨降生，那些片石垒成的小石塔便随之在祭祀塔周围的山坡蓬勃生起，经年累月，形成蔚为壮观的山顶塔林。敬过山神垒好石塔之后，大家找一处草坪坐定，把从家里带来的刀头、五花肉、馍馍、青稞酒汇聚一处共同享用。男人们大碗斟酒，大口吃肉，等到满嘴流油、微醺微醉之际，大家开始分成两组唱着歌沿山脊下行，一组唱“嘛智”，一组唱“嘛呢”，比赛看谁的声浪能盖过对方。

寨子边这个张着血盆大口的巨石，大家对它就不像对待山顶白塔那么崇敬了。据说它曾吞噬了一个寨子所有人的生命，它前面那一大片村落废墟就是证据。所以大家每年给它献上酒肉进行安抚，同时也要来强硬的一手，那就是在其头顶插上三根系有红布条的木杆，把这个猛兽给镇住。

2010年农历六月十五　松潘县镇坪乡双泉村　村民

2009年夏季的一天，松潘县小姓乡大尔边寨的白玛木年满13周岁，家里为他举行了隆重的成人礼。

一大早，母亲已蒸好了月亮馍馍、太阳馍馍，父亲则领着白玛木在门前用香柏枝生起桑烟，用火灰在园坝的地面画上吉祥图案，迎接各寨亲朋好友的到来。爷爷龙波他，年轻时在山下的龙头寺为僧，后又去林坡寺（就是通往世界自然遗产黄龙风景区路上的那座苯波教寺庙）学习、修行，今天的各种祭神、祈福、祝愿礼仪自然由他来主持。日上三竿，各路亲友到齐，白玛木来到亲人们中间接受大家的祝福，十多位至亲长辈和兄长各捏一块酥油、一撮灰面，依次抹在白玛木的额头。随后，白玛木从外公的手中接过猎枪和佩刀。从此，他就是一位能独当一面的男子汉了。

2009年夏季　松潘县小姓乡大尔边寨　白玛与他的亲人们

46岁的尤珠妹和47岁的智么磋，站在我面前快乐地微笑着。这是2009年秋天的小姓乡埃溪寨。两位中年妇女和我打过招呼，微笑着离开之后，我望着嵌入老墙的古老避邪面具和仰面躺在屋顶的白色“锅盖”，想象着这两样东西，此时各自接收和传送着怎样的信息。

二十年前我来到埃溪寨毛明军家里过年时，我和尤珠妹和智么磋一样，还是个二十多岁的青年。那时候，我就喜欢望着房屋外墙上的避邪面具发呆，就喜欢听一些关于牛部落、羊部落迁徙的故事。如今再次来到埃溪，再次望着深陷老墙的避邪面具，埃溪老人的讲述仿佛就在耳边：“听说我们的部落是从黄河上游迁来的，一支叫索麦，迁到现在的黑水；一支叫巴麦，迁到松潘小姓沟的埃溪、大尔边和茂县杨柳沟、牛尾巴、松坪沟这一带；还有一支叫阿玛钦，迁到茂县、汶川、理县、北川这一带。”

2009年秋天　松潘县小姓乡埃溪寨　尤珠妹、智么磋

骟猪、骟马、医人、医兽无所不能的王天福（容中他），举一串血淋淋的猪睾丸、羊睾丸，摇着响铃走村串户——这曾是小姓、镇坪一带山野间的一道景观。只要王天福一走进某个村寨，这个村寨里的小孩子们就会奔走相告，随即就一定会传来公猪、公羊或老母鸡的惨叫声。

说起王天福，卫生所那几个穿白大褂、拿听诊器看病的医生总是嘴一扁，一脸不屑的样子。而王天福则认为自己才是祛病强身的正统医生，是神医华佗的嫡系传人。他说，当年华佗本可以打开曹操头颅，治好他的头风病。但曹操疑心太重，把华佗杀了。华佗的家人悲愤之下，将华佗留下的医书全都焚烧了。曹操听说医书被烧，急忙赶去抢救。当他赶到华佗家时，医书已变成一堆灰烬。曹操让人在灰烬中寻找没烧尽的文字。结果大家费了九牛二虎之力，只找到了一个字——“骟”。

按王天福的理论，一个“骟”字可说是华佗医术的精髓、中国医学的瑰宝。千百年来，中国老百姓全靠它解决大问题。马如不骟，骑人驮物有耐力吗？猪如不骟，四处发情寻欢能长肥吗？牛、羊、鸡、狗莫不如是。前次在镇坪见王天福又在当众吹他的“骟”医理论，我就问他：“王神医，把你的骟医术用在人身上，是不是就会人类安宁天下太平？”王天福听了，一把抓住身边一个小孩说：“这个娃娃最调皮，那就先骟他。”吓得小男孩挣脱就跑。

王天福自幼得到华佗“骟”字真传，再加上一个艾灸绝技，山野村寨真还离不得他。面对卫生所医生们的轻视，王天福内心以华佗嫡传弟子自居，自然不去理会。

2009年秋天，王天福与我结伴游走小姓沟的几个羌寨，9月上旬，我们来到了埃溪寨毛明军的家里。毛明军68岁的父亲杜介和66岁的母亲热他妹见了王天福，就说自己现在走山路，腿脚不像先前灵便了。王天福立即从他那已使用了几十年的牛皮背包里取出几根艾灸条，贴在杜介膝盖周围的几处穴位上，然后掏出打火机点燃灸条。

看见丈夫被灸得疼痛难忍，热他妹站在旁边禁不住一阵嬉笑，之后轮到灸她左腿时，她就不再是取笑丈夫时的表情了。

1940年，毛明军的外婆萨达妹还是个年轻姑娘，这年春天的一个午后，萨达妹在山路上看见一个饿晕过去的小伙子，赶忙取来热水和食物去喂这奄奄一息的青年人。等小伙子苏醒之后，萨达妹就把他领回了家。小伙子叫毛伯川，绵阳城郊毛家湾人，是当年国民党邓锡侯部兵工厂的技术兵，因部队在开往松潘的途中给养不足，饿昏在山路上。几年之后，萨达妹与毛伯川生下了一个女儿，就是毛明军的母亲热他妹。热他妹长到她母亲救回父亲的那个年龄时，沟内十五公里处的红土乡卡卡村小伙子杜介来到埃溪，与她组成了家庭。上世纪50年代民族识别时，埃溪五寨村民被识别为羌族，而毛明军父亲杜介的老家卡卡村的村民，则被识别为藏族。当然，外公毛伯川老家在绵阳，他自然就是汉族。

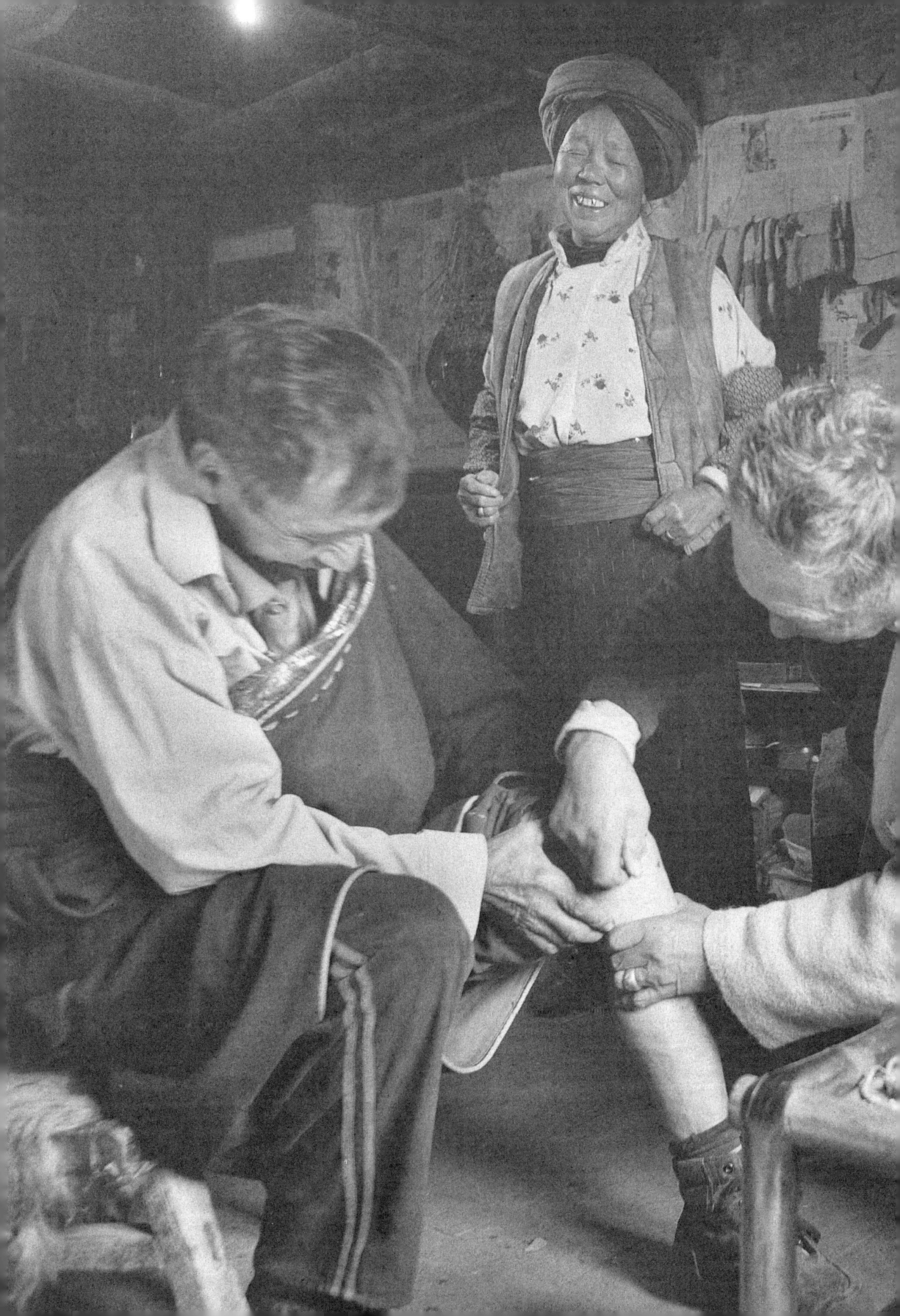

我俩来唱索伊的祖先吧
主人跟随客人唱
传说索依的祖先有几代
索依的祖先有三代
第一代祖先的名字叫什么
第一代祖先叫纳若日比·多加印钦
那一代的人用庹量有几庹高
那一代的人有九庹高
那一代人的牙齿用指量有几指长
那一代人的牙齿有九指长
那一代人的脚用拃量有几拃长
那一代人的脚有九拃长
那一代地壳用什么构成
那一代地壳用木头构成
木头地壳怎么了
木头地壳地火升腾了
地火升腾怎么了
地火升腾万物毁灭了

第二代祖先的名字叫什么
第二代祖先叫勒尼西米·托玛门智
那一代人用庹量有几庹高
那一代人有三庹高
那一代人的牙齿用指量有几指长
那一代人的牙齿有三指长
那一代人的脚用拃量有几拃长
那一代人的脚有三拃长
那一代地壳用什么构成
那一代地壳用生铁构成
生铁地壳怎么了
生铁地壳生锈腐蚀了
生锈腐蚀怎么了
生锈腐蚀万物毁灭了

第三代祖先的名字叫什么
第三代的祖先叫达达举比·敦巴辛饶
那一代的人用庹量有几庹高

那一代的人有一庹高

那一代人的牙齿用指量有几指长

那一代人的牙齿有一指长

那一代人的脚用拃量有几拃长

那一代人的脚有一拃长

那一代地壳用什么构成

那一代地壳用岩石构成

岩石地壳怎么了

岩石地壳稳固了

大地稳固怎么了

大地稳固人类生息繁衍了

即便在二十多年前来到埃溪羌寨，也能在明朗的月夜听见悠扬流淌在群山深谷中的“力莎”古歌。那时，每逢农闲时节或节庆时分，村民们总喜欢聚集在一处平地或一户人家的火塘边，以多声部歌唱与当时心境和时令相映衬的歌；那时，毛明军总是坐在我身边为我翻译每一句歌词。

2011年冬天　松潘县小姓乡埃溪寨　龙波他、甲尕牙

我的好友毛明军（克木杰）终于出场了。但他一出场就愁容满面、忧心忡忡。因为他刚陪我回到他老家，便发现原本恭敬放置在房屋高层的耕牛头骨、避邪面具被弃置在了墙角野地。政府施行退耕还林和灾后重建政策，为高山之上的埃溪五寨在河谷地带的原松潘林业局住地附近安排了重建新居的土地。村民们忙于去河坝建房，忙于向山下搬运沙发、电视等东西，便顾不得这些耕牛头骨和避邪面具了。

毛明军现在黄龙风景区工作，十多年来，他怀着极大的热情参与到羌文字的创制、多声部音乐的搜集整理等羌文化的发掘与建构中。但被他视为珍贵羌文化遗产的，比如这栋明代羊部落土房，比如"力莎"这样的多声部古歌，比如对耕牛、对天地万物的敬畏与感恩情怀……眼下都不如电视、手机和都市消费生活更让乡亲们着迷。

毛明军很希望自己的父老乡亲在适当享受现代文明的便捷时，也能享受到古老文化对身心的滋养。但现实与理想很难牵手并行，自己所能做的仿佛只是写点东西，婉转地发出一些充满真情却又极其微弱的声音。

2009年秋天　松潘县小姓乡埃溪寨　毛明军

尤珠妹、库敏磋、库敏她三位埃溪羌寨妇女穿戴一新，站在古老破旧的龙头寺前灿烂地微笑着。每年农历正月十五龙头寺会期，小姓各寨藏族、羌族村民和几位僧人便会齐聚龙头寺转经祈福。龙头寺是一座苯波教寺庙，从荒草丛中的断壁残垣可以看出其曾经的兴盛，一百五十年前松潘古城的那次“咸丰庚申兵变”，据说就与这座寺院有很深的渊源。

2009年秋天　松潘县小姓乡龙头寺　尤珠妹、库敏磋、库敏她

现在，我们从阿坝藏族羌族自治州的羌族聚居区最西北端的松潘县小姓乡，来到东南端的茂县东兴乡。东兴乡与绵阳市北川羌族自治县墩上乡接壤。

2010年春节，我来到东兴乡四平沟草阳坪组，感受到了又一种过年气氛，与前一年在汶川夕格羌寨过年有所不同。在夕格，过年仿佛是为着对养育我们的天地万物、我们的祖先，以及无处不在的神灵表达心愿和表示感恩；而在草阳坪，如果能跟随“马马灯”的队伍，通宵达旦挨家挨户拜年祝福，即便在春寒料峭的深夜，你也会真实地感受到中国传统风俗温暖祥和的光照。

耍“马马灯”戏的演员都是村里的年轻小伙子，他们多在深圳、成都、沈阳等地打工，每年春节都会赶回草阳坪过年。每天天亮收灯时，小伙子们总不忘拿出手机拍摄一些纪念照。

2011年春节　茂县东兴乡草阳坪　村民

草阳坪“马马灯”戏今年耍的是“赞关公”，讲关云长护送两位嫂嫂过五关斩六将千里走单骑的故事。山村灯戏的舞台很宽广，村中禹王庙前的那块平地、星空下蜿蜒崎岖的山路、每户人家的院坝、堂屋……演出时间也比那些都市大剧院的戏目长，从腊月二十八出灯到正月初六倒灯，连续九个通宵。

正月初六早上倒灯时，大家要先到川主庙和村头土地公公和土地婆婆塑像前焚香祈福，然后再去村边将“马马灯”焚化。

2011年正月初六　茂县东兴乡草阳坪　村民

阜阳坪地处高山。也许是高山之上水源稀缺的原因，村里的川主庙里，主供导江致雨的二郎神和雷神，观世音等佛像都供在了侧位，塑像也小很多。每年农历正月初六清晨倒灯，大家要先到庙里祭拜，在村边野地里将竹编纸糊的“马马灯”焚化之后，再回到庙里饱餐一顿，之后便各自回家倒床蒙头大睡。

2011年农历正月初六　茂县东兴乡草阳坪　村民

从草阳坪出发，越过山下的小溪来到对面的岭岗村，我们就从阿坝藏族羌族自治州茂县东兴乡地界，来到了绵阳市北川羌族自治县墩上乡境内了。墩上乡岭岗村原来叫许家湾，这里流传的一种民间戏远近闻名。因花灯戏常由七男五女（男扮）共十二位耍手，在锣鼓唢呐声中各执一盏彩灯表演，所以大家都把这种民间花灯戏唤作“许家湾十二花灯”。

2011年春节　北川县墩上乡岭岗村　村民

“许家湾十二花灯”曾兴盛一时，自正月初一出灯，便有本村及附近各村镇甚至几十里外的茂县县城来人，争相邀请上门表演。但现在，原有的一百多种曲目仅保留下三十多种；村里曾有一百来人能独唱、对唱、帮腔及演奏唢呐、二胡、笛子，目前仅唐孝友、苟正万几家约二三十人可以表演了。

2011年春节　北川县墩上乡岭岗村　村民

有人说北川县陈家坝乡在汶川大地震中所经受的地震强度，与震中汶川映秀以及北川县城曲山镇相比有过之而无不及。据说地震当日，一位村民牵着一匹白马正行走在西山山坡，突然一阵惊天动地的猛烈摇晃与爆裂，天地一片昏暗。几分钟后，这位村民发现自己和那匹白马连同一大片树木草坪，被抛到了东山山坡。

陈家坝观音堂虽然在灾难中毁伤惨重，但72岁的守庙人赵永秀和庙堂正中的佛像、观音菩萨像却安然无恙。

大地震之后，我曾去过许多灾区寺庙，如都江堰普照寺、理县禹王庙等，发现一片废墟之中，观音菩萨塑像总是端坐莲台，毫发无伤，只是同往常相比神情更添几分悲悯。

2011年5月，我把在汶川、玉树大地震废墟中所拍的一组塑像图片，作为“汶川大地震三周年祭”，在成都宽巷子锦华馆展出。大家发现：废墟中的石龟、铜狗都在伤心泣哭；瓦砾中的金刚、护法都是满脸惊恐愤懑；残墙上的佛、菩萨则格外伤心悲悯。这次影展的策展人是成都的几位画家，他们将影展取名“见闻觉知”，是因为这些动物、金刚、佛菩萨塑像，在废墟中所显现的非同往常的表情，能让人体认到宇宙间没有不依因缘而独立生灭、恒常不变的人事物象，不仅人、动物，宇宙间一切事物，无不具有见、闻、觉、知的功能；人与人、人与六道众生、人与自然界其实都是一个整体，都必然相互影响和感应，任何人祸、任何天灾，都不会无缘无故发生。现代混沌学理论的蝴蝶效应就这样阐述：一只南美洲亚马孙河流域热带雨林中的蝴蝶，偶尔扇动几下翅膀，就可能在两周内引起美国德克萨斯州的一场龙卷风。

2009年8月　北川县陈家坝观音堂　赵永秀

大地震对于深山之中的陈家坝乡平沟村的伤害，与不远处的陈家坝相比就要轻一些了。所以震后不久，朱文全老两口和左邻右舍一样，很快就回复到了往日的平静生活中。劳作之余，老两口喜欢做一些诸如逗逗小狗、帮助猪啊羊啊寻找伴侣、繁衍后代这样的事情。

2009年8月　北川县陈家坝乡平沟村　朱文全夫妇

我的表弟张成绪和好友王树德、陈静三位羌族青年，与我一同到北川县禹里乡去拍摄“禹迹”。由于战国时期的《竹书纪年》有“禹生石纽”这样的记载，西汉蜀郡成都人扬雄在《蜀王本纪》中又有“禹本汶山郡广柔县人，生于石纽”的记述，所以原汶山郡所辖范围的北川县老县城石泉和汶川县、理县等老县城附近的岩石上都留有“石纽”、“禹迹”、“禹穴”这样的石刻遗存。后世官员和文人仰慕先贤，争相刻石作凭、考据撰文，期望以此来证明本县县域之内，才是圣人大禹的真正出生地。无怪乎于右任先生在20世纪30年代来此考察时，面对各处石刻和各种言说文论，留下了这样的诗句：“茫茫禹穴何处得，那计汶川与北川。”

2010年6月　北川县禹里乡　村民

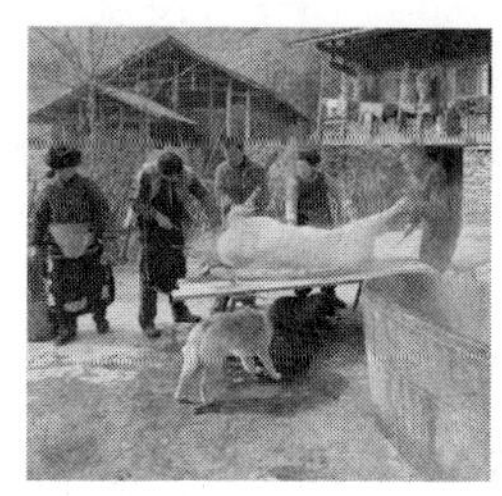

2010年春节前夕，我来到北川县最西北端的青片乡西窝寨，正遇见47岁的王官能家宰杀了一头大肥猪，准备过年。这几年在岷江上游、湔江上游行走，常被人拖去参观一些旅游村寨，所到之处，见到的多为取悦游客而打造的虚假场景。这天一到西窝寨就看到这样的农家景象，让人备感温暖亲切。从西窝寨往西北望去，是一处重峦叠嶂、很少有人涉足的险山大豁，那是1933年叠溪大地震山体挤压断裂形成的险峻山势。

2010年春节前夕　北川县青片乡西窝寨　王官能和他的邻居们

以苍茫群山和古老村落为背景，50岁的陈永秀和53岁的乔官翠身穿长衫，头戴黑帕，腰系绣花围腰，微笑着站在我面前。来到北川，在湔江上游的西窝寨，我终于寻找到了想象中的“羌”的图景。

2010年春节前夕　北川县青片乡西窝寨　陈永秀、乔官翠

最后的释比

THE LAST SHIBI

2008年2月，我在去草原拍摄纪录片《朝圣之路》的路上，在汶川绵虒一处路边餐馆吃饭时，与一位当年的文学朋友不期而遇。二十年前我在报社做文艺副刊编辑时，这位朋友是一位热情洋溢的羌族青年诗人。我看见与他同行的是两位拿着羊皮鼓、神杖等法器的羌族释比，就问他："你请两位端公去消灾，还是给谁治病？"他说："消啥子灾治啥子病，是到韩国去表演。"

这位朋友已从单位提前退休，正干着一项"古羌文化打造"的工作。就是去"发现"一些边远羌寨能操下油锅、舔红铧、吞铁针之类绝技的释比，然后对这些在山寨居住了几十年的"原生态"山民进行"包装"，带着他们去参加一些旅游促销、文化推广活动。他包装的两位释比，就经常拿着羊皮鼓、神杖、猴头帽、响铃等法器，被一些单位、企业请到韩国、北京、绵阳等国家和城市去上台表演。

朋友见我与河谷人群一样，把"释比"与念咒化水、驱邪解秽的汉族"端公"等同，很是失望，觉得很有必要给我补上一课。他端坐在我对面，开始为我讲述：

"曾经活跃在广大西部高原的羌人，现在只有一支较为完整地保留在我们岷江上游的高山深沟里。历朝历代，曾无数次被征讨、被驱赶、被归化，无数次流离、迁徙。这个族群的大部分支系已融入到汉、藏以及西南许多民族之中，而避居岷江上游深谷高山的这些人，就是氐羌冉駹部羌人的后裔。在没有文字或失去了文字的情况下，他们将一个民族群体繁衍千年，绵延至今，这是一个奇迹。历经千年而不解体的民族群体在世界上是少有的，而羌文化的千年传承中最重要的角色，就是释比。正是这些释比，在他们主持祭祀、祈愿、解秽、消灾、治病以及婚丧嫁娶的活动、仪式中，担当着人与神灵、人与自然、人与人、人与邪魔之间的调节者，成为古羌文化的守望者、传承人。"

朋友见我洗耳恭听，很是高兴。他喝了一口水，忽又神情凝重起来："现在寨子上的老释比都死得差不多了，年轻人又不肯学，都跑到城市里打工去了，现在都比吃、比穿、比好玩。眼下到处都在搞旅游开发，打造旅游文化产品，老释比们也需要有些收入，我退休空闲了，一些旅游景区或文化单位要打造古羌文化，我就帮忙到寨子里去找这些老年释比，带他们到处去表演。"

3月底从草原回到成都，我终日想象着那些身着羊皮褂，头带猴皮帽，脚蹬云云鞋，在一种神秘奇诡的舞步和唱辞中，敲打着羊皮鼓的释比老人；想象着多少年来，他们在高山之上面对神山、神树和纯朴的山民，用自己的唱辞、舞蹈、身体，与神鬼对话、与天地通灵。如今忽然走进灯红酒绿的现代都市，踏上灯光闪烁的舞台，置身于各类“旅游促销”、“文化推广”活动之中，他们的内心是怎样一种感受，他们的脸上是怎样一种表情？在这样的想象中，我有了以纪录片方式拍摄羌族释比的冲动。

2008年5月，正进行纪录片的前期拍摄时，突如其来的汶川大地震发生了。

在这本书的《自序》中，我已讲述了之后发起“羌绣帮扶计划”和由影像纪录转向图片拍摄的过程。现在想来，这一因缘十分奇妙，因为对释比的兴趣，使我进一步关注所有的羌人；因为对羌人的关注，让我在一场大地震之后，重新回到本应属于我的阅读、拍摄和书写的生活。

2008年之后的三四年间，我拍摄了能寻访到的所有羌族释比。我的拍摄刚一开始，汶川县龙溪沟的余明海、萝卜寨的张福良、茂县永和沟的龙国治等几位老释比就先后去世；我的拍摄还未结束，理县熊耳山的周润清等释比又随后离世。我不知道，再过几十年这个世界上还有没有羌族释比，但我深信，每一个人的生命里都潜藏着与不同空间维次的生命交流，都拥有与天地万物感应的能力。即便是代表族人与天地鬼神沟通的释比抑或萨满，在不久的将来消失殆尽，但人类对生命终极的关怀，对天地精神的追问，是与生俱来的，是不会被物欲和妄念长久蒙蔽的。释比这一名称、人群、仪式终将消逝，但其敬畏天地、顺任自然的心性深藏于人的内心，总有一天会在人性温暖的光照下再次萌生。

据说，汶川县龙溪乡阿尔沟的阮布、木札、雪溜、阿甲一带，先前曾是释比传承的根本道场，各地释比大都要到此盖卦、深造。随着岁月的流逝，唯物的、科学的思想观点像季节更替时的浓雾，从沟口从山脚悄无声息地涌来，影响和改变着深沟里山民们的生活。经过上世纪五六十年代的各项运动，高山深谷中的释比们为了适应又一个季节的生长，纷纷收刀敛挂，偃旗息鼓，或转入地下活动。到了上世纪八九十年代，在又一股季节更替的浓雾飘来之时，大山重围中的龙溪深沟，很快跟上了时代潮流。这个时代风潮，已由炫耀贫穷，转变为比赛富有，由亿万个人只有一个声音，转变为一个人就有亿万个追求。人类的适应能力胜过所有动物和生物——采摘花椒、苹果、蕨苔、木耳等农产品和猎杀野生动物可以脱贫；发掘深埋岁月的古老风俗和挖掘墓穴中的双耳陶罐一样，也可以致富。更重要的是，肉体和精神没有了过多的劳累和禁锢，内心就渴望安抚，潜伏在心底的许多追求便会复活。山民们和县文化局的老师们真是心有灵犀，很快想起了能通过自已的身体、唱辞、舞蹈，与鬼神通灵的释比们，他们能为村民们向天神、山神、树神、水神传递心愿，也能在内心软弱或遭受困顿时，为人们驱邪、祈愿、治病。只是很可惜，几十年的政治风雨和经济潮流，再加上岁月的消磨，不仅汶川龙溪沟，甚至整个岷江上游的羌寨，神通广大的释比已所剩无几而且后继乏人。

2009年夏季我来到阿尔沟巴多村时，这条沟最有名的余老释比，在大地震前夕已经去世。现在，能持诵大量释比经典、诵辞，能圆满主持祭山还大愿仪式的释比已经越来越少。在大地震之前，汶川县文化局就将巴多村确定为“释比文化传承地”，余老释比的女婿朱金龙和几位余氏后代继承了老释比的衣钵，从他们作法时的动作来看，确有几分远古舞蹈的遗风。

2009年9月　汶川县龙溪乡阿尔沟　朱金龙三兄弟

64岁的王治升，说自己现在是汶川县城威州镇沿岷江河谷下行至都江堰唯一健在的释比了。他说这话时的神情和语调，让我难以捉摸。不知是独享名位的自豪，还是后继无人的哀愁。这几年，请他祭山还愿、求神驱邪、治病禳灾、占卜问事的人越来越少，但那些研究“释比文化”的专家、学者、研究生，那些拿着照相机、摄像机的记者、游客们却纷至沓来。诗人羊子带我到他家时，看见一位大学四年级学生，已在这里住了二十多天，为撰写他关于羌族释比的毕业论文搜集资料。

羌锋村的房屋、碉楼，以及猪圈、羊圈，在大地震中大都严重受损，从山下的村寨和远处的山体来看，大地震给这一区域的破坏程度可想而知。

2009年4月　汶川县威州镇　王治升

在我走上羌山之前，在我按动快门之前，我就一直在思考，我应以怎样的视角去看待大地震之后的中国羌人？几千年广大深远的历史时空中生生不息的“羌”；上世纪50年代被识别为中国五十五个少数民族之一的“羌”；现代常常出现在旅游表演场所和媒体镜头前的“羌”；高山深谷间耕种劳作的“羌”……哪一个才是我理想中的真实影像？

现在，汶川县萝卜寨的王明杰释比在我面前。他头戴金丝猴皮帽，手持羊皮鼓，脚踩禹步，身后是苍茫深远的岷江大谷。我感到，这就是现实与理想在我心中叠化而成的羌人影像。

2009年4月　汶川县萝卜寨　王明杰

曾头寨89岁的杨茂山，是当年著名释比朱润长的大弟子。2009年4月的一个清晨，我从桃坪羌寨进沟，来到大山深处的曾头寨，看见杨茂山独自站在屋顶，仿佛正在静听桃花绽放春雾游走的声息。

藏于高山深谷中的曾头寨自明清以来人才辈出。先前有一位儒生人称周师爷，在曾头寨开设私塾传授学问，传下了舞文弄墨的风气。即便在今天，无论在北京、成都，还是留居山寨的曾头男子，大都能吟诗行文，并写得一手好字。常和我一起讨论书法的西南民族大学副校长王永正就是从曾头寨走出的，老释比杨茂山身后的这座古老楼房就是他的老家。

2009年4月　理县桃坪乡曾头寨　杨茂山

2009年农历十月初一，原本要在理县蒲溪乡休溪寨举行的大型羌年庆典，由于一场罕见的大雪把各路宾客阻挡在山下而不能按时开幕。黄昏时分，听说领导和来宾在山下已纷纷打道回府，74岁的释比王福山和许多演员一样，排练了一个多月的精彩节目，此时却等不来欣赏、鼓掌、喝彩的观众。大部分演员满怀失落向山下退去后，王福山却戴上金丝猴皮帽，左手握响铃，右手执神杖，踏入一片积雪的高地，在奇异的舞蹈与诵辞中，面对群山独自完成了一段仪式、一种许诺。

2009年农历十月初一　理县蒲溪乡休溪寨　王福山

68岁的周润清释比，先前是从蒲溪沟迁到熊耳山的。这里原来是一片劳改农场，不知什么原因，大约在二十多年前，一大群劳改犯在一夜之间被迁走了。管教犯人的坚固石屋便成了十几户蒲溪人的家园。周润清住进劳改犯住过房子后，总觉得与祖先与神灵的气脉和信息一时难以自由顺畅地连接，所以，每逢有人请他驱邪解厄或消灾治病时，周润清总是在作法之前，要面向老家蒲溪寨，凝望许久。

2009年6月　理县熊耳山　周润清

传说释比祖师西瞞的弟子们都学会了“凌空之术”，只要有人求其登门除疫、治病、祛邪，释比们便可驾鼓飞行，顷刻而至。后来因为一些弟子行为不端，乱使神通，西瞞便废了这飞鼓之术。所以，如今理县三岔沟67岁的释比杨冬青每次外出作法时，都得身背羊皮鼓，迈着双腿爬坡上坎、涉水过桥。

2009年6月　理县三岔沟　杨冬青

大蒲溪寨82岁的王定相和熊耳山的周润清一样，都是著名老释比王真元的弟子。王定相是王真元老释比的亲儿子，由于很早就到粮店工作，所以并未尽得父亲真传。几十年后，他当年背诵的几段释比诵辞也早已忘得一干二净。退休在家，常有城市里来的专家、学者、游客前来向他请教。王定相遗忘了释比诵辞，舔红铧、吞铁针的功夫又欠火候，他便只有拿出父亲传下的神杖等几样释比法器，作一段回顾与感叹。

2009年5月　理县大蒲溪寨　王定相

茂县永和乡永宁村84岁的何清云老释比，头戴三清冠，手持神杖，身穿豹皮衣，肩挎羊皮鼓，精神矍铄。何清云12岁随父亲学习扯索卦，背诵释比唱辞，三十来岁便学全了祭天、还牦牛愿等上坛法事、嫁娶择吉等中坛法事和丧葬驱邪等下坛法事。他珍藏的一本古算书《刷勒日》，很少有人能读懂并推衍，这本书被当今一些羌文化研究者称为“释比圣书”，并认为是姜子牙传下来的。

从汶川、理县来到茂县，可以发现释比作法时穿戴的头冠与衣饰大有不同：汶川、理县的释比作敬天、祭山等还大愿的上坛法事时，多戴金丝猴皮帽，而茂县释比则戴五佛冠或三清冠。

2009年7月　茂县永和乡永宁村　何清云

2009年初夏，茂县沟口乡有一家人遭逢不幸，母亲和儿子在几日内先后凶死，释比肖永庆被请去镇邪招魂。一大早，肖永庆先用木条和铁丝扎成一个坚实的三角架，用茅草和白纸扎成两个茅人站立在三角架上，然后点油灯、敬祖师、捏面人。一切准备妥当，肖释比开始武装自己：头戴五佛冠，身穿豹皮衣，颈挂鹰头鹰爪，面涂锅烟墨，手敲羊皮鼓，全副武装，威风凛凛。老释比在舞蹈中口念招魂辞一直忙到天黑，使出浑身解数终于把母子俩四处游荡的魂魄招了回来，并送其走上往生之路，才疲惫不堪地坐下来休息。

2009年7月　茂县沟口乡　肖永庆

茂县黑虎乡小河坝村85岁的任老释比，自幼随爷爷学习招魂、叫魂、禳星（以画太极图、点七星灯等方式预测吉凶祸福，规避三灾八难）、揭汗（洒水持咒治病）、禳送（送鬼）、打太平保护（扎茅人旗，做十二段法事，为家运不昌者驱邪祈福）。小河坝的村民们说，大地震前夕，黑虎沟的青蛙、狗猫之类都没什么特别的反应，倒是任老释比反应强烈。当时他心慌意乱，四处奔走，口说不妙。当看见前面的高山向自己倾覆过来，眼前的河水开始摇晃起舞的那一刻，村民们才猛然醒悟，任老释比的异样反应原来是大地震的前兆。

任老释比一生收了五个徒弟，但学成的只有侄子余友成一人。任老释比和他的师傅都无子女，徒弟余友成育有子女但摔断了腿，所以民间传言：学全释比法术后，虽能为人解困除厄，生计无忧，但因常常泄露天机，自己定会遭受无后或伤残之厄。

2009年初夏　茂县黑虎乡　任老释比

61岁的杨芝德精力充沛，大地震之前的那几年，他频频出现在松坪沟、北川五龙寨等旅游景区，为游客表演释比舞蹈。震后通往各景区的道路中断，景区没了生意，杨芝德便回到家乡茂县永和乡腊普村。平时闲来与左邻右舍聊天时，杨芝德总喜欢眉飞色舞又略带神秘地向村民们吹嘘，绘声绘色地讲述他在北川每日登台表演的那段明星般的经历。他说，大地震之后，北川县的“明星”是温家宝总理，大地震之前，则是我释比杨芝德。

2009年初夏，我来到茂县腊普村时，正逢村里一位老人去世，杨芝德被请来主持老人的葬礼。我问他：“你在旅游景区的舞台上为各色游客表演，当了几年明星，现在回到羌寨回归释比本分，和天地鬼神交流的频道是不是需要重新调试呢？”杨芝德淡淡一笑：“释比作法，来去迅速。”

2009年初夏　茂县永和乡腊普村　杨芝德

永和乡的龙国治释比，是茂县一带扎茅旗、捏面人、请神、驱邪、还愿样样精通的“全卦子”。我慕名来到他家时，才得知老释比已经去世了。由于儿孙不愿继承，所以老人临终前将那本世代相传的“释比圣书”《刷勒日》以很便宜的价格卖给了一位云南丽江来的考察者。他留下的豹皮衣、五佛冠、羊皮鼓、神杖、响铃等法器，也成了儿孙们自娱或向人显示的玩物。

2012年11月的一天，西南民族大学的朋友邀我去参观他们在成都衣冠庙老校区的民族文化展览馆。一进门，我就看见龙国治老释比留下的豹皮衣、五佛冠、羊皮鼓、神杖、响铃等法器，醒目地摆放在羌族馆的橱窗里。

2009年7月　茂县永和乡　龙国治子孙

汶川县直台羌寨和夕格羌寨七百多名羌人离开故土迁往邛崃南宝山之前，由于南宝山新建房屋尚未完工，村民们被临时安置在临邛城郊的救灾板房内暂住。七百多位高山羌民一下子来到邛崃市临邛镇，成为汶川大地震一周年纪念日期间的一大新闻。刚到邛崃的那几天，直台村42岁的何清光头戴猛兽皮帽，身背羊皮鼓，手执神杖，在人群中十分引人注目，引来各路媒体记者不间断的拍摄、采访。

何清光只能敷衍一下媒体记者和那些喜欢猎奇的都市年轻人。其实对于还牦牛愿、招魂、坐油锅、吞铁针等，他大都十分生疏。直台何氏一族先前曾出过许多熟记经文、法力高强的释比，可惜上世纪60年代之后便未能往下传承。先人遗下的释比法器现在由何清光保存。

2009年5月　邛崃市临邛镇　何清光

2009年8月，“羌绣帮扶计划”与现代传播集团在香港举办民族文化推广活动，居住在邛崃城区救灾板房内的永顺父子，被邀请去表演释比舞蹈。先前在夕格羌寨，贵生上山放牧牛羊时总喜欢在乱石丛中找一块草坪坐下，任随牛羊在身边吃草咩叫。现在他以同样的坐姿，往酒店宽大肥厚的地毯上一坐，感觉地毯比草坪确实要舒服很多；一直冲着自己微笑的几位美女，也好像比悠闲吃草的牛羊更加赏心悦目。

父子俩只顾用眼睛和屁股比较着草坪和地毯、牛羊和美女的优劣，却忽略了一件重要的事情：以往在羌寨击鼓舞蹈之前，一定要先将羊皮鼓放在柴火边烘烤，这样鼓音才雄壮响亮。现在马上要上台表演了，可香港的潮湿气候使鼓面只能发出喑哑的声音。找不到柴火，永顺只有把羊皮鼓拿到微弱的电灯下去烘烤。

2009年8月　香港某酒店　杨贵生、杨永顺父子

在羌寨时，贵生和儿子永顺每日黎明便在雀鸟和牛羊的鸣叫声中醒来，开始耕种劳作。在香港这两天的排练和表演都安排在下午和晚上，父子俩整个上午都无所事事。永顺在羌寨看电视，知道香港有个黄金做的紫荆花和供众人聚会的时代广场。所以父子俩要求我一大早就带他俩去参观这两处胜地。天刚麻麻亮，我就在他俩不间断的催促下，打车来到海边的紫荆花雕塑旁。我刚装好胶卷准备给俩人拍照，突然发现永顺已经爬到了雕塑上面正亲吻金色的紫荆花。我说："永顺，你做啥子？紧快下来！"永顺说："电视里说这是中央用几百斤黄金做的，我咬一下，看是不是真金。"永顺爬到香港的标志"金紫荆花"上去啃咬，除我和贵生外，并无他人看见。因为香港人喜欢在灯光和空调下工作、娱乐、生活。不知什么原因，香港人似乎总是有意回避着朝阳与晨雾。

第二天早上来到时代广场，已经是早上8点，广场上还是少有行人。父子俩蹲在街边，对著名的时代广场非常失望：四周的高楼，和夕格葳孤的山崖一样，往上一望，帽子都望落。所谓广场，不过和夕格的耕地差不多，巴掌大一块。

在此之前的2008年12月，贵生就和另一位龙溪释比朱金龙，受刚刚启动的"羌绣帮扶计划"的邀请去过北京。春节前夕我和羊子等四人到夕格过年时，贵生刚从北京回来不久。贵生对天安门城楼、天安门广场的宽广气派大为赞赏："啧啧啧！好宽、好大，毛主席坐的地方，是不一样！"

严木初没去过北京，扭着贵生问他在北京的感受。贵生说："啥子都好，就是没得白酒喝。坐飞机就不叫我喝，开会表演不叫我喝，到宾馆里也不叫我喝，买些啤酒来给我，呸！马尿。"严木初问他："在北京你见到中央领导没有？"贵生说："胡主席、温总理没见到，倒是见到了毛主席。"

贵生说："那么多人，我最佩服的还是毛主席，人都死了，每天还要给国家挣那么多钱。我们去看毛主席，门票是不要钱，但存个包包几块钱，买朵花几块钱，一天就打去一万人，他一天要挣好多钱？"

2009年8月　香港时代广场　杨贵生、杨永顺父子

贵生、永顺和我一起从深圳坐火车到香港。“咋个香港也有这么多山呢？电视里看到的是个挨到海的大城市嘛！”父子俩看见香港也有山，感到很惊奇。俩人把脸贴在车窗上，研究起香港的山坡和树林来。贵生说：“那片二阳坡草不深，挖得到黄芪。”永顺说：“草坡下坎那片矮树林里，应该有羌活。”我对贵生说：“杨伯，你们爷俩干脆留在香港挖药卖算了，这里有钱人多，药材价钱好！”贵生说：“好嘛，那你也留下来！我和永顺负责挖，你负责卖。”

下了火车，我正准备带父子俩去转乘地铁，贵生一把拉住我，鼻子往空中翘了翘说：“这香港山上不长黄芪也不长羌活。”我说：“为啥子呢？”贵生又翘了翘鼻子说：“你闻嘛！”

接下来的两天，贵生走在香港街上，和他5月底来到成都时一样，总爱翘着鼻子噘着嘴唇，左右扭着头吮吸城市的空气。我说：“杨伯，你闻啥子？”贵生说：“日怪！咋个成都那么大个城市，尽是火锅的气息；这香港呢，又尽是盐巴的气息，咋个就总闻不到神的气息、鬼的气息？”

2009年8月　香港铜锣湾　杨贵生

在开始编排本书的第三章“最后的释比”时，我就一直在想，应该让哪一位释比压轴出现在这本书的最后一页？我把这三四年来走进我镜头的每一位羌人、每一位释比在我面前一一展开。这些与我相交多年或仅有一面之缘的高山村民或政府公务员，我都以图片、影像或文字的方式，在书里为他们安顿了适当的位置。但有一位老年释比，我迟迟没有让他落座，也许是因为一开始我就预感到，这位走在直台羌人迁徙队伍最后的老人，注定也要走在这本书的最后。

2009年5月7日，汶川县龙溪乡直台寨的五百多位村民离开古老的寨子，与夕格寨的二百多位村民一同迁往邛崃南宝山的那个下午，释比王明强身着蓝布长衫，头戴猛兽帽，腰挂瑞兽角，左手持羊皮鼓，右手拿响铃——他要以释比的身份、释比的姿态，告别生养自己的家乡，前往未知的邛崃。

望着王明强伫立村头，向群山之外的邛崃极目远望，向世代居住的直台深情回眸的身影，我感觉到，这不就是中国羌人在流淌千年的岁月沧桑中，在绵延万里的西部大地上，不断繁衍、迁徙、交融的历史身影吗？这不就是我理想中的历尽艰难，仍坚韧不屈的羌人形象吗？

2009年5月7日　汶川县龙溪乡直台寨　王明强

跋

一本“实验民族志”：在反差与对比中呈现真实

王明珂

2008年“5·12”汶川大地震之后的一个晚上，一辆黄色悍马车将我接到成都一处十分雅致的餐厅参加一场聚会。据说邀请者是一位“公司老板”、一位藏地寺院活佛和一位仪态优雅的藏族女企业家。三位精英人士宴请一位台湾老土，我以为是几个商人想要捐钱救灾，希望借助我在羌区的地方关系。

后来，在聚餐中大家谈起救灾的事我才知道，在座的每一个人对阿坝州羌藏地区的了解，都比我这学者深入得多，每一个人在地震救助上所做的事都远非我所能及。这场宴会中那位言语亲和的“公司老板”，便是高屯子。

高屯子，这名字让我想起另一场聚餐。大约是1994或1995年，在松潘一间狭小的街边饭馆里，当时我刚进入羌族地区做研究，羌族朋友毛明军将我介绍给松潘当地人士。桌上杯盘狼藉，满屋子浓烈的烟酒气息，狭小的室内挤了十多人并且仍有人不断从外面进来打招呼、敬酒。当时在座有一位身体强健的青年尤显豪放洒脱，据说是一位诗人名叫高屯子。没有错，经我询问后得知，此高屯子便是彼高屯子。

这两场相隔十三年的餐宴，其间的人事、景物，反差如此之大，两个高屯子之间，仿佛判若两人。

后来与高屯子接触渐多，发现在他身上，仿佛总是始终充满着巨大的反差与矛盾。从形象、气质上看，内地人总把他当成是一位高原藏人。在草原或山寨，他骑马、耕地，俨然一个牧民或农民；在都市一些现代艺术聚会中，他着装前卫，仿佛一位时尚人士；谈起文学与影像，他是一位热情洋溢的艺术家；谈起佛学或偶见他静默独处默念真言时，他似乎又是一位知行合一的修行者。

他的作品——无论是文字或是影像——也处处显现出一如他本人的强烈对比，显现出时代、社会与文化的反差与矛盾。

如下面这一段他对寨子里电视卫星接收器的文字与影像描述：

“大寨子人把电视卫星信号接收器叫作‘锅盖’。自从这顶锅盖走县过乡、翻山越岭来到高山之上的大寨子，并在这片杉板铺就的屋顶站稳脚跟之后，便开始向这个古老的高山村寨传递着各种让人眼花缭乱、应接不暇的现代信息。世代生活在高山羌寨的山民们很快觉察到，古老敦厚的大寨子像一位忠厚持家的母亲，温良恭俭、勤劳善良；而屋顶上的这顶白色锅盖看上去圆润婉转、粉面朝天，但当你和它有了亲密接触之后，会很快发现，它其实是一位举止文雅，却秋波暗送的性感闷骚美女，在不经意间就使古老宁静的大寨子兴奋躁动起来。”

我们从社会生活中得到一些印象与经验，我们以文字或影像将它们表述出来，然而我们的观察与表述深受社会文化与自身学术背景影响。

譬如，我们从一些文字与影像描述（包括学术性的）中，经常获得的少数民族印象为：他们是原生态的、传统的一群人。然而在高屯子的文字中，传统村寨屋顶与现代卫星信号接收器、古老的宁静与现代的躁动、温良恭俭的母亲与性感诱人的美女，处处皆见对比、矛盾与融合。那照片影像所表现的也一样；木石房屋的顶部延伸到屋角边，突然出现的是朝向天际的金属“锅盖”，背景云雾深锁的山头象征着村寨生活的封闭与阻隔，如今却被那向外张望的“锅盖”突破。

这也是高屯子基于其多年在松潘、阿坝、成都的生活经验，诚实面对、表述羌族村寨生活的现实。

我们再看看以下这一段文字：

“2009年8月，‘羌绣帮扶计划’与现代传播集团在香港举办民族文化推广活动，居住在邛崃城区救灾板房内的永顺父子，被邀请去表演释比舞蹈。先前在夕格羌寨，贵生上山放牧牛羊时总喜欢在乱石丛中找一块草坪坐下，任随牛羊在身边吃草咩叫。现在他以同样的坐姿，往酒店宽大肥厚的地毯上一坐，感觉地毯比草坪确实要舒服很多；一直冲着自己微笑的几位美女，也好像比悠闲吃草的牛羊更加赏心悦目。”

同样的，在文字里作者描述“居住在邛崃城区救灾板房内的永顺父子”被移置于香港现代都会，羌的传统“民族文化”被“现代传播集团”搬到大都会中作宣传、展演，以及贵生以放羊时坐在乱石坡草坪上的坐姿坐在香港酒店肥厚的地毯上。

照片中，贵生坐在地毯上，将一个麻布口袋放在身边；后方，他的儿子伫立仰望着展示墙上“追寻现代中国”几个大字，手上仍持着羊皮鼓。这种羌族传统文化的刻板象征，作为少数民族与“现代”之间的接点，也许就是他们被邀来香港的原因。

高屯子的作品便是如此，在充满对比、矛盾的呈现与表达中，传达出对现代的反讽与对传统的反思。

对生活本来的反差与矛盾洞察并加以呈现与反思，这样的艺术作品，包括学术著作，往往更接近真实。

因而，高屯子所著的这本《羌在深谷高山》，不仅在其影像与文字中显现出艺术魅力，还可以让一般读者省思自己对民族、文化与传统的“常识”，可以让不知该如何表述“异文化”的学者将之视为一本“实验民族志”，藉以反思学术性的少数民族文化，书写如此产生的“学术知识”。

王明珂

著名历史与人类学学者，“台湾中兴大学”文学院院长、“台湾中研院”历史语言研究所研究员。美国哈佛大学博士。长期在四川西部阿坝藏族羌族自治州、甘孜藏族自治州等地进行藏、羌社会与历史记忆研究，以及在蒙、藏牧区进行游牧人类生态研究。著有《华夏边缘》、《羌在汉藏之间》、《寻羌》、《英雄祖先与弟兄民族》、《游牧者的抉择》等著作。

编后记

温和而充满质感的影像史诗

策划编辑 杨磊

本书是作者高屯子听从自己内心的召唤拍摄、书写的一部立体影像史诗，用温和冷静的静态影像、质朴的文字详细记录了羌族人经历自然灾难之后的迁徙和改变。

我记得有一位著名的人文摄影师曾经说过：“每一位报道摄影师都是一根小小的火柴，只能照亮一小片地方。”很难想象在这个浮华、躁动的世界上，有一个人、一个团队用这么长的时间，内心怀着对人类的关怀和对自然的敬畏，走遍岷江上游、湔江上游几乎所有高山深谷中的羌人村寨，完成一部将文字、图片、影像融为一体的艺术作品，书写、表现一个古老民族的命运衍进、生活变迁、文化传承和在现代社会面前对传统的守望与失守——更难得的是展现了一个重大的自然灾害对于这个民族的命运造成的转折。

这时，我想到了原马格南摄影师萨尔加多的作品《移民》和我国摄影师吕楠拍摄的《四季》，他们一个是站在全球经济的高度记录不同种族人群的迁徙，另一个是用敦厚、神圣的影像风格记录藏族人民的生活。高屯子与他们的不同之处在于，他是以一个参与者的身份直接渗入到羌族人的生活之中，他不是一个“他者”，而是自己人，他所拍摄的羌族人群就是自己家乡的亲朋好友。

看着这些充满故事和质感的影像，我们仿佛就在羌寨，就在高山羌人中间，与他们一同去吮吸柴火燃烧、庄稼生长的气息，一同聆听大雪飘落的天籁之音，一同对现实和未来充满期待，对迁徙的遭遇和释比的命运发出无奈的叹息。

与此同时，高屯子带给我们另一种新意和希望：在这个宏大的专题拍摄过程中发起了“羌绣帮扶计划”，使上万名羌族妇女从中受益，也使艺术表现与保护民族传统和工艺相结合，实践一种担当和一种对一个处于生活与文化困境中的民族的深切关注。

他说："对民族文化、人文精神的眷恋，对大地苍生的敬重与同情，不仅要发声，还要行动，建设性地行动。"

羌族人的故事其实并不只是一个少数民族的故事，他们的改变映照着国人必须去面对和解决的问题；他们的困境我们也同样面临。我们需要有所作为、有所改变，将散落在生活各处的珍贵的传统、人性的温暖、历史的传承、人文的精神，收集起来，流传下去。

中国国家地理·图书

CHINESE NATIONAL GEOGRAPHY

最好的时光在路上	我们始终牵手旅行	印度以下，风景以上	游牧时光
		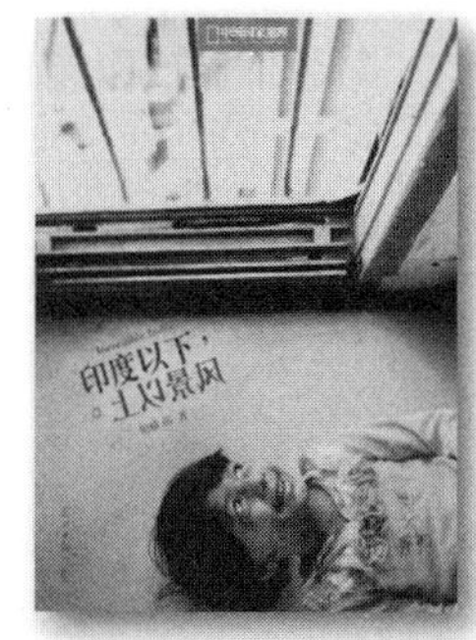	

自然野趣 D.I.Y.	自然观察达人养成术	自然，是最好的老师	大自然的艺术

只为这一刻	摄影眼的培养	羌在深谷高山	地球之光